Das Annolied

MITTELHOCHDEUTSCH UND

NEUHOCHDEUTSCH

HERAUSGEGEBEN,
ÜBERSETZT UND KOMMENTIERT
VON EBERHARD NELLMANN

PHILIPP RECLAM JUN. STUTTGART

Meiner Mutter

Universal-Bibliothek Nr. 1416 [3]
Alle Rechte vorbehalten. © Philipp Reclam jun. Stuttgart 1975
Gesetzt in Petit Garamond-Antiqua. Printed in Germany 1975
Herstellung: Reclam Stuttgart
ISBN 3-15-001416-6

Das Annolied

Text und Übersetzung

Rhythmvs de S. Annone
Coloniensi Archiepiscopo.

1. VVir hôrten ie dikke singen
    von alten dingen:
    wî snelle helide vuhten,
    wî si veste burge brêchen,
5   wî sich liebin vuiniscefte schieden,
    wî rîche kunige al zegiengen.
    nû ist cît, daz wir dencken,
    wî wir selve sulin enden.
    Crist, der vnser héro gût,
10 wî manige ceichen her vns vure dût,   10
    alser ûffin Sigeberg havit gedân
    durch den diurlîchen man,
    den heiligen bischof Annen,
    durch den sînin willen,
15 dabî wir uns sulin bewarin,
    wante wir noch sulin varin
    von disime ellendin lîbe hin cin êwin,
    dâ wir îmer sulin sîn.

2. In der werilde aneginne,
    dû lîht war vnte stimma,   20
    dû diu vrône godis hant
    diu spêhin werch gescûph sô manigvalt,
5   dû deilti got sîni werch al in zuei:

1,6 Künige O.   7 ciht O.   8.15.16.18 sülin O.
2,1 *Hier beginnt die Parallelüberlieferung bei Vulcanius
(V).* – INDER *V.*   2 ward *V.*   3 vroue *V.*   5
deiti *V.*

Dichtung von St. Anno,
dem Kölner Erzbischof

1. Wir hörten sehr oft singen
   von alten Begebenheiten:
   wie starke Helden kämpften,
   wie sie feste Städte zerstörten,
5 wie liebe Freundschaften ein Ende nahmen,
   wie mächtige Könige ganz zugrunde gingen.
   Nun ist es Zeit, daran zu denken,
   wie wir selbst enden werden.
   Christus, unser guter Herr –
10 wie viele Wunderzeichen wirkt er vor unsern Augen,
   wie er es auf dem Siegberg
   durch den herrlichen Mann,
   den heiligen Bischof Anno, getan hat,
   ihm zuliebe.
15 Das ermahnt uns, für uns zu sorgen,
   denn wir werden noch dahingehen
   aus diesem jammervollen Leben in die Ewigkeit,
   wo wir immer sein werden.

2. Am Anfang der Welt,
   als Licht und Stimme war,
   als die heilige Hand Gottes
   so vielfältige kunstvolle Werke erschuf,
5 da teilte Gott seine ganze Schöpfung in zwei Teile:

disi werlt ist daz eine deil,
daz ander ist geistîn.

7a   ⟨*dannini lisit man, daz zuâ werilte sîn:*
7b   *diu eine, dâ wir inne birin;*
7c   *diu ander ist geistîn.*⟩

dû gemengite dei wîse godis list
von den zuein ein werch, daz der mennisch ist,   30
10   der beide ist, corpus unte geist;
dannin ist her nâ dim engele allermeist.
alle gescaft ist an dem mennischen,
sôiz sagit daz evangelium.
wir sulin un cir dritte werilde celin.
15   sô wir daz die Crîchen hôrin redin.
zden selben êrin ward gescaphin Adam,
havit er sich behaltin.

3.   Dû sich Lûcifer dû ce ubile geviang,
vnt Adam diu godis wort ubirgieng,   40
dû balch sigis got desti mêr,
daz her andere sîni werch sach rechte gên:
5   den mânen vnten sunnen,
die gebin ire lîht mit wunnen;
die sterrin bihaltent ire vart,
si geberent vrost vnte hizze sô starc;
daz fuir havit ûfwert sînin zug,
10   dunnir unte wint irin vlug;
dî wolken dragint den regínguz,

2,7a–c *nach* V, *fehlt bei* O.   7a danmiri V; *korr. mit*
Wackernagel R T.   8 dei] der V.   12 an] in V.   14
sülin O.   16 zden] Edem V (*das Wort sollte offenbar*
mit einer Initiale – Z oder C – beginnen). Adam *erstes*
Wort von Vers 17 *bei* V.
3,1 Du (*ohne besondere Initiale*) V.   2 vut V.   6 ire-
lich V.

Diese Welt ist der eine Teil,
der andere ist geistig.
7a ⟨*Daher liest man, daß es zwei Welten gibt:*
7b *Die eine, in der wir sind;*
7c *die andere ist geistig.*⟩
Da mischte Gottes Weisheit und Kunstfertigkeit
aus beiden ein Werk: den Menschen,
10 der beides ist, Körper und Geist;
deshalb steht er dem Engel am nächsten.
Alle Schöpfung ist im Menschen,
wie das Evangelium sagt.
Wir sollen ihn als dritte Welt ansehen,
15 wie wir das die Griechen sagen hören.
Zu dieser selben Ehre wurde Adam geschaffen,
wenn er sich nur rein erhalten hätte.

3. Als sich Luzifer nun zum Bösen wandte
und Adam Gottes Wort übertrat,
da zürnte Gott um so mehr,
als er sah, daß seine anderen Werke die rechte
Ordnung bewahrten:
5 Mond und Sonne,
die geben ihr Licht freudig.
Die Sterne bleiben in ihrer Bahn;
sie erzeugen die Kälte und die große Hitze.
Das Feuer zieht nach oben,
10 Donner und Wind fliegen dahin.
Die Wolken tragen den Regenguß,

          nidir wendint wazzer irin vluz;   50
          mit blûmin cierint sich diu lant,
          mit loube dekkit sich der walt;
15   daz wilt havit den sînin ganc,
          scône ist der vugilsanc.
          ein îwelîch ding diu é noch havit,
          dî emi got van êrist virgab,
          ne wêre die zuei gescephte,
20   dî her gescûph die bezziste:
          die virkêrten sich in diu doleheit,
          dannin hûbin sich diu leit.   60

4.   Cunt ist, wî der vîent virspûn den man,
          zi scalke wolter un havin.
          sô vůrter cir hellin
          die vunf werlt alle,
5   vnze got gesante sînin sun,
          der irlôste vns von den sunden.
          ce opfere wart her vur uns brâht,
          dem dôde nam her sîni maht.
          ce hellin vûr her âne sunden,
10   her herite si mit gewelde.   70
          der tiuvel virlôs den sînin gewalt,
          wir wurdin al in vrîe gezalt.
          in der doufe wurde wir Cristis man.
          den heirrin sulin wir minnan.

3,12 irim *V.*   13 blumm *V.* 16 vügilsanc *O.*   17
din é *V.*   21 virherten *V.*   dobeheit *V.*   22 hukin
V.   leiht O *V.*
4,1 Vnt *V (Initiale – C oder K – offenbar geplant).*   3
helliu *V.*   4 vünf *O.*   6 sünden *O.*   7 vůr
O.   12 wir] wie *V.*   würdin *O.*   13 würde
O.   Christo *V.*   14 sülin *O.*

die Wasser fließen abwärts.
Mit Blumen schmückt sich die Erde,
mit Laub bedeckt sich der Wald.
15 Die wilden Tiere haben ihre Wege,
herrlich ist der Vogelsang.
Ein jedes Ding bewahrt noch das Gesetz,
das Gott ihm am Anfang verlieh,
außer den beiden Geschöpfen,
20 die er als die besten erschuf:
die verkehrten ihr Wesen zur Vermessenheit.
Daher begann das Leid.

4. Bekannt ist, wie der Feind den Menschen verlockte.
Als Knecht wollte er ihn haben.
Darum führte er die fünf Weltalter
in ihrer Gesamtheit in die Hölle,
5 bis Gott seinen Sohn sandte:
Der erlöste uns von den Sünden.
Zum Opfer wurde er für uns gebracht,
dem Tode nahm er seine Macht.
Zur Hölle fuhr er ohne Sünden,
10 er bezwang sie mit Gewalt.
Der Teufel verlor seine Macht.
Wir wurden alle zu Freien erklärt.
In der Taufe wurden wir Lehnsleute Christi;
diesen Herrn müssen wir lieben.

5.   Vp hûf Crist sînis crûcis vanin,
        die zueilf bodin hîz her in diu lant varin.
        vane himele gaf her un diu craft,
        daz si ubirwunden diu heidinscapht.
5   Rôme ubirwant Pêtrus,
        diu Criechen der wîse Paulus,   80
        seint Andrêas in Patras,
        in India der gûde Thômas,
        Mathêus in Ethyôpia,
10   Symon unte Iûdas in Persia,
        seinte Iacôbus in Hierusalem,
        nû is her dar in Galîcia bistén.
        Iohannes dar in Epheso,
        vili sûze konder predigin.
15   v̂z des grabi noch wehsit himilbrôt,
        daz dekkit manigirslahte nôt.   90
        andre mertirêre manige,
        sôiz wîtin ist ci sagine,
        mit heiligem irin blûde
20   irvuldin Christis gemûde.
        mit arbeiden quâmen si cirin heirrin,
        nû havit her si mit êrin.

6.   Die troiânischen Vranken,
        si sulin is iemir gode danken,
        daz her un sô manigin heiligin havit gesant,
        sôiz dar in Koln ist gewant,   100
5   dâ dir restit ein sulich menige
        van senti Maurîciin herige
        vnt eilf tûsent megide,

5,1 Vp *(ohne besondere Initiale)* V.   4 *Ende der Parallel-
überlieferung bei* V.   16 noht O.   20 Irvüldin O.
6,2 sülin O.   5 Dadir O.   sülich O.

5. Empor hob Christus die Fahne seines Kreuzes;
   den zwölf Aposteln befahl er, in die Länder zu ziehen.
   Vom Himmel her gab er ihnen die Macht,
   die Heiden zu überwinden.
 5 Petrus besiegte Rom,
   der gelehrte Paulus die Griechen.
   In Patras [wirkte] St. Andreas,
   in Indien der gute Thomas,
   in Äthiopien Matthäus,
10 Simon und Judas in Persien,
   St. Jakobus in Jerusalem;
   nun ruht er in Galicien.
   Johannes in Ephesus
   konnte sehr erbaulich predigen.
15 Aus seinem Grab wächst noch himmlisches Brot,
   das vielerlei Not abwehrt.
   Viele andere Märtyrer erfüllten
   – man muß es überall erzählen –
   mit ihrem heiligen Blut
20 den Willen Christi.
   Nach freiwillig erlittenen Qualen kamen sie zu
                                        ihrem Herrn.
   Nun hält er sie in hohen Ehren.

6. Die trojanischen Franken
   sollen Gott stets dafür danken,
   daß er ihnen so viele Heilige gesandt hat,
   wie es in Köln der Fall ist;
 5 dort ruht eine so große Menge
   vom Heer des heiligen Mauritius
   und elftausend Jungfrauen,

durch Cristis minn irslagene,
manige bischof alsô hêrin,
10   die dir ceichinhaftig wârin,
als iz mêr ist vane sent Annin.
des love wir Crist mit sange.

7.   Ce Kolne was her gewîhet bischof.
des sal diu stat iemir loben got,   110
daz in der scônistir burge,
dî in diutischemi lande ie wurde,
5   rihtêre was der vrumigisti man,
der ie ci Rîni biquam,
ci diu daz diu stat desti hêror diuhte,
wandi si ein sô wîse hêrdûm irlûhte,
vnte diu sîn dugint desti pertir wêri,
10   daz her einir sô hêrin stedi plêgi.
Koln ist der hêristin burge ein.
sent Anno brâht ir êre wole heim.   120

8.   Ob ir willit bekennin
der burge aneginne,
sô virnemit vmbi die grimmin heidinscapht,
dannin den aldin burgin quam diu crapht.
5   Nînus hîz der êristi man,
dê dir ie volcwîgis bigan.
her saminôdi schilt unti sper –
des lobis was her vili ger –,
halspergin unti brunigvn –

6,10 ceichin haftig O.
8,6 Dedir O.   9 brunievn O, O*Anm.*; brunigen *Roth
R T M.*

die um ihrer Liebe zu Christus willen erschlagen wurden;
[außerdem] manche ebenso heiligen Bischöfe,
10 die wundertätig waren,
wie es von St. Anno bekannt ist.
Darum loben wir Christus mit Gesang.

7. In Köln wurde er zum Bischof geweiht.
Deshalb soll die Stadt immer Gott loben,
daß in der schönsten Stadt,
die je in deutschem Land entstand,
5 der beste Mann Herrscher war,
der je an den Rhein kam,
auf daß die Stadt um so herrlicher erscheine,
weil eine so weise Herrschaft sie erleuchtete,
und seine Vorzüge um so heller strahlten,
10 weil er eine so herrliche Stadt regierte.
Köln ist eine der vorzüglichsten Städte.
Der heilige Anno hat ihr Ansehen gesichert.

8. Wenn ihr den Anfang der Stadt
kennenlernen wollt,
so hört von den wilden Heiden,
von denen die Macht der alten Städte kam.
5 Ninus hieß der erste Mann,
der je einen Krieg anfing.
Er sammelte Schilde und Speere
(er war sehr ruhmgierig),
Halsbergen und Brustpanzer

10   dû gart er sic c*i*m sturm –,   130
        die helmi stâlîn heirti:
        dû stifter heriverti.
        diu liute wârin vnz an diu
        vil ungeleidigete.
15   ir îwel*î*ch haviti sîn lant,
        an din andirin sich niwiht ni want.
        vngewenit wârin si ci wîge.
        vili lieb was daz Nîno.

9.   Nînus leirti sîni man
        aribeiti lîdin,   140
        in gewêfinin rîtin
        (daz si vreisin gidorstin irbîdin),
 5   schiezin unti schirmin;
        her ni lîz si nî gehirmin,
        vnz er gewan ci sîner hant
        elliu asiânischi lant.
        dâ stiphter eine burg sint,
10   einir dageweidi wît,
        drîir dageweidi lank.
        michil was der sîn gewalt.   150
        diu burg nanter nâh imo Nînivê,
        dâ sint der merevisch Jônam ûzspê.

10.   Sîn wîf diu hîz Semîramis.
        diu alten Babilônie stiphti si
        van cîgelin den alten,
        die die gigandi branten,

8,10 ciih O, ci *Roth R T M.*   13 andiu O.
9,6 nigehirmin O.   10 wiht O.   14 Dasint O.

10 (er rüstete sich zum Kampf),
   die harten Helme aus Stahl:
   Dann unternahm er Kriegszüge.
   Die Menschen lebten bis dahin
   ganz ohne Kränkung.
15 Jeder besaß sein Stück Land;
   den Nachbarn griff er nicht an.
   An Kampf waren sie nicht gewöhnt.
   Das war Ninus sehr angenehm.

9. Ninus lehrte seine Männer,
   Strapazen zu ertragen,
   in voller Rüstung zu reiten
   (damit sie es wagten, Gefahren zu bestehen),
5 zu schießen und zu fechten.
   Er ließ sie niemals ruhen,
   bis er alle Länder Asiens
   in seine Gewalt bekommen hatte.
   Später gründete er dort eine Stadt,
10 eine Tagereise breit,
   drei Tagereisen lang.
   Groß war seine Macht.
   Die Stadt nannte er nach seinem Namen Ninive;
   dort spie der Meerfisch später Jonas aus.

10. Seine Frau hieß Semiramis.
    Sie erbaute das alte Babylon
    aus den alten Ziegeln:
    die hatten die Riesen gebrannt,

5   dû Nimbrot der michilo
gerît un dumplîcho,
daz si widir godis vortin
einen turn worhtin   160
van erdin ûf ce himele.
10   des dreif si got widere,
dû her mit sînir gewalt
gedeilti si sô manigvalt
in zungin sibenzog;
sô steit iz in der werlti noch.
15   von demi gezûgi des stiphtis
worti diu Semîramis
die burchmûra viereggehtich,
vieri mîlin lank unti sescihg.   170
des turnis bistûnt dannoch
20   vieri dûsent lâfterin hôhc.
in der burch sint wârin
diu kuninge vili mêre.
dâ havitin ir gesez inne
Chaldêi die grimmin;
25   die heritin afder lanten,
vnzi si Hierusalem virbranten.

11.   In den cîdin iz gescach,
als der wîse Danihel gesprach,   180
dû her sîni tróume sagiti:
wî her gesîn havite
5   viere winde disir werilte
in dem michilin meri vehtinde,
vnz ûz dem meri giengin
vreislîchir dieri vieri.

10,6 Geriht O.   7 uortin *O; korr. mit* T, vorhtin
R M.   22 Küninge O.   25 af der O.

5 als der große Nimrod
   ihnen törichterweise riet,
   entgegen aller Gottesfurcht
   einen Turm zu bauen
   von der Erde bis hinauf zum Himmel.
10 Daran hinderte sie Gott,
   als er sie durch seine Macht
   vielfältig aufteilte
   in siebzig Sprachen;
   so ist es auf der Welt noch heute.
15 Aus dem Material des Baus
   errichtete Semiramis
   die quadratische Stadtmauer,
   64 Meilen lang.
   Damals stand von dem Turm noch ein Rest,
20 4000 Klafter hoch.
   In dieser Stadt waren seitdem
   die Könige sehr berühmt.
   In ihr hatten [auch]
   die schrecklichen Chaldäer ihre Residenz.
25 Die verheerten die Länder,
   bis sie Jerusalem verbrannten.

11. Damals geschah es so,
    wie der weise Daniel [voraus]gesagt hatte,
    als er seine Träume erzählte:
    wie er gesehen hatte
5   die vier Winde dieser Welt
    das große Meer aufwühlen,
    bis aus dem Meer
    vier furchterregende Tiere stiegen.

18   Das Annolied

viere winde biceichenint vier engele,
10   die plegint werilt allere;
die dier vier kunincrîche,
die diu werilt soldin al umbegrîfen.   190

12.   Diz êristi dier was ein lewin.
si havite mennislîchin sin.
diu beceichenit vns alle kuninge,
die der wârin in Babilônia.
5   dere crapht unt ire wîsheit
gidâdun ire rîche vili breit.

13.   Daz ander dier was ein beri wilde.
her havide drîvalde zeinde.
her cibrach al, daz her anequam,
vnti citrat iz vndir sînin clâwin.   200
5   der bizeichinôte driu kunicrîche,
diu cisamine al bigondin grîfin
bî den cîdin, dû Cîrus unti Dârîus
gewunnin chaldêischi hûs:
die zwêne rîche kuninge,
10   si cistôrtin Babilônie.

14.   Das dritti dier was ein lêbarte.
vier arin vederich her havite.
der beceichinôte den criechiskin Alexanderin,

11,11 Künincriche O.
12,3 Küninge O.   4 warin *zweimal* O.   6 breiht O.
13,5 Künicriche O.   9 Küninge O.

Die vier Winde bedeuten vier Engel,
10 die die ganze Welt beschützen;
die Tiere vier Königreiche,
die die Welt ganz umspannen sollten.

12. Das erste Tier war eine Löwin.
Sie hatte menschlichen Verstand.
Die ist uns ein Bild für alle Könige,
die in Babylon waren.
5 Ihre Stärke und Klugheit
machten ihre Reiche sehr berühmt.

13. Das zweite Tier war ein wilder Bär.
Er hatte dreifache Zähne.
Er zerriß alles, was ihm begegnete,
und zertrat es unter seinen Tatzen.
5 Der bedeutete drei Königreiche,
die alle zusammengriffen
zu der Zeit, als Cyrus und Darius
Chaldäa eroberten.
Die beiden mächtigen Könige
10 zerstörten Babylon.

14. Das dritte Tier war ein Leopard.
Er hatte vier Adlerflügel.
Der bedeutete den griechischen Alexander,

der mit vier herin vûr aftir lantin,   210
5   vnz her dir werilt einde
bî guldînin siulin bikante.
in India her die wûsti durchbrach,
mit zuein boumin her sich dâ gesprach.
mit zuein grîfen
10   vûr her in liuften.
in eimo glase
liezer sich in den sê.
dû wurfin sîn vngetrûwe man
dié kettinnin in daz meri vram.
15   si quâdin: „obi du wollis sihen wunter,
sô walz iémir in demo grunte!"   220
dû sach her vure sich vlîzin
manigin visc grôzin,
half visc, half man.
20   dad diuht un uili harte vreissam.

15.   Dû gedâchti der listige man,
wî her sich mohte generian.
der wág vûrt in in demo grunte.
durch daz glas sach her manige wunter,
5   vnz er mit einim bluote
daz scarphe meri gruozte.   230
alsi diu vlût des bluotis inpfant,
si warf den heirin aniz lant.
sô quam her widir in sîn rîche.
10   wol intfîngin un die Criechen.
manigis wunderis genîte sich derselbe man.
driu deil her der werilte zûme gewan.

14,6 güldinin O.   9.10 *und* 11.12 *je* e i n *Vers bei* R.
15,11 genihte O.

der mit vier Heeren durch die Länder zog,
5 bis er das Ende der Welt
an goldenen Säulen erkannte.
In Indien durchquerte er die Wüste;
dort besprach er sich mit zwei Bäumen.
Mit zwei Greifen
10 flog er in den Lüften.
In einem Glasbehälter
ließ er sich ins Meer hinab.
Da warfen seine treulosen Mannen
die Ketten fort ins Meer.
15 Sie sagten: „Wenn du Wunderbares sehen willst,
so rolle in Zukunft auf dem Meeresgrund herum!"
Da sah er vor sich
viele große Fische schwimmen,
halb Fisch, halb Mensch.
20 Das erschien ihm sehr furchterregend.

15. Da überlegte der kluge Mann,
wie er sich retten könnte.
Die Strömung führte ihn am Grund entlang.
Durch das Glas sah er viel Wunderbares.
5 Schließlich reizte er das scharfe Meer
mit etwas Blut.
Als das Wasser das Blut spürte,
warf es den Herrscher ans Land.
So kam er zurück in sein Reich.
10 Freudig empfingen ihn die Griechen.
Um viel Wunderbares hat sich dieser Mann bemüht.
[Die] drei Teile der Welt gewann er für sich.

16.   Daz vierde dier ein ebir was.
        die cŭnin Rômêre meindi daz.
        iz haviti îsirne clâwin –
        daz ne condi nieman gevân –,   240
5   îsirni ceine vreisam:
        wî soldiz iemir werdin zam?
        wole biceichinit vns daz waltsuîn,
        daz did rîche ci Rôme sal vrî sîn.
        der ebir cîn horn trŭg,
10   mit ten her sîni vîanti nidirslŭg.
        her was sô michil unti vorhtsam:
        ci Rôme wart diu werlt al gehôrsam.

17.   Cîn horn meintin cîn kuninge,
        dî mit Rômêrin rittint ci sturme.   250
        daz eilfti horn wûs vnz an den himil,
        die sterrin vuhtin imi widir.
5   iz hât ougin unti munt,
        sulich ni wart uns é kunt.
        manigi wort iz widir gode sprach,
        daz her vieli schiere gerach.
        daz biceichinit uns den Antichrist,
10   der noch in diese werlt kunftig ist,
        den got mit sînir gewelti
        cir hellin sal gesendin.   260
        der troúm allir sô irgîng,
        sôn der engil vane himele gischiet.

16 *Die Strophe ist bei* O *versehentlich als Nr. XIV be-
zeichnet.*   6 sol diz O; *korr. mit* R, soldi iz T.
17,1 Küninge O.   4 sterin O, sterrin O*Anm.; korr. mit*
Roth R T M.   6 Sülich O.   10 künftig O.

16. Das vierte Tier war ein Eber.
    Das bedeutete die kühnen Römer.
    Es hatte eiserne Klauen
    – niemand konnte es fangen –
 5 und schreckliche eiserne Zähne:
    Wie sollte es jemals zahm werden?
    Genau stellt uns der Eber des Waldes im Bilde dar,
    daß das Römische Reich frei sein soll.
    Der Eber hatte zehn Hörner,
10 mit denen er seine Feinde niederwarf.
    Er war sehr groß und furchterregend:
    Rom wurde die ganze Welt untertan.

17. Zehn Hörner bedeuteten zehn Könige,
    die mit den Römern in den Kampf ritten.
    Das elfte Horn wuchs bis zum Himmel,
    die Sterne kämpften dagegen.
 5 Es hatte Augen und Mund
    (solches hörten wir nie zuvor!).
    Viele Worte sprach es gegen Gott;
    dafür nahm er sehr schnell Rache.
    Das [Horn] bezeichnet uns den Antichrist,
10 der noch in diese Welt kommen wird
    und den Gott durch seine Macht
    in die Hölle senden wird. –
    Der ganze Traum geschah so,
    wie ihn der Engel des Himmels gedeutet hatte.

18.   Rômêre scrivin cisamine
in einir guldîne tavelin
driuhunterit altheirrin,
dî dir plêgin zuht unt êrin,
5   die dagis unti nahtis riedin,
wî si ir êrin bihîldin.
den volgedin die herzogin al,
wanti si ni woldin kuning havin.   270
dů santin si den edelin Cêsarem,
10   dannin noch hiude kuninge heizzint keisere.
si gâvin imi manige scar in hant,
si hiezin un vehtin wider diutsche lant.
dâ aribeiti Cêsar (daz ist wâr)
mêr dan cîn ihâr,
15   sô her die meinstreinge man
niconde nie biduingan.
ci iungist gewan hers al ci gedinge.
daz soltin cin êrin brengin.   280

19.   Vndir bergin ingegin Suâben
hîz her vanin ûf haben,
deri vordirin wîlin mit herin
dari cumin wârin ubir meri.
5   mit mislîchemo volke
si slûgen iri gecelte
ane dem berge Suêvo,
dannin wurdin si geheizin Suâbo:
ein liut ci râdi vollin gût,
10   redispêh genûg,   280

18,2 güldine O.   8 Küning O.   10 Küninge O.   14
ein O; korr. mit Wackernagel R T M.   17 cigedinge O.
19,1 in gegin O.   7 Suedo O; korr. mit R T, Swebo
M.   9 liuht O.   ciradi O.   10 Redispen O; korr.
mit Meisen, redispêhe R, -spêhi T, -spaeh M.

18. Die Römer verzeichneten
    auf einer goldenen Tafel
    dreihundert Senatoren,
    die sorgen sollten für rechtes Verhalten und Ansehen
5   und die Tag und Nacht darauf bedacht waren,
    wie sie die Macht der Römer bewahren könnten.
    Denen folgten alle Herzöge,
    denn sie wollten keinen König haben.
    Da sandten sie den edelgeborenen Caesar aus,
10 nach dem noch heute die Könige ‚Kaiser‘ heißen.
    Sie übergaben ihm viele Heeresabteilungen
    und befahlen ihm, gegen die deutschen Länder zu
                                                   kämpfen.
    Dort mühte sich Caesar wahrhaftig
    länger als zehn Jahre ab,
15 ohne daß er die außergewöhnlich tapferen Männer
    je bezwingen konnte.
    Schließlich gewann er sie alle zu einem Vertrag.
    Das sollte ihn zur Herrschaft führen.

19. Gegen die Schwaben am Fuß der Berge
    ließ er die Fahnen emporheben;
    deren Vorfahren waren einst in großer Menge
    übers Meer dorthin gekommen.
5   Mit mannigfachen Scharen
    schlugen sie ihre Zelte
    am Berge Suevo auf;
    deshalb wurden sie ‚Schwaben‘ genannt:
    ein Volk, zum Rat sehr geeignet
10 und recht wortgewandt,

die sich dikke des vure nâmin,
daz si gûde rekkin wêrin,
woli vertig vnti wîchaft.
doch bedwang Cêsar al iri craft.

20.   Dû sich Beirelant wider in virmaz,
die mêrin Reginsburch, her se bisaz.
dâ vanter inne
helm unti brunigen,
5   manigin helit gûdin,
die dere burg hûdin.   300
wiliche knechti dir wêrin,
deist in heidnischin bûchin mêri.
dâ lisit man: ,Noricus ensis‘,
10   daz diudit ,ein suert beierisch‘,
wanti si woldin wizzen,
daz ingeini baz nibizzin,
die man dikke durch den helm slûg.
demo liute was ie diz ellen gût.
15   dere geslehte dare quam wîlin êre
von Armenie der hêrin,   310
dâ Nôê ûz der arkin gîng,
dûr diz olizuî von der tûvin intfieng.
iri ceichin noch du archa havit
20   ûf den bergin Ararat.
man sagit, daz dar in halvin noch sîn,
die dir diutischin sprecchin,
ingegin India vili verro.
Peiere vûrin ie ci wîge gerno.
25   den sigin, den Cêsar an un gewan,
mit bluote mûster in geltan.   320

20,6 huhdin O.   12 ingemimi *(!)* O, ingeini O *Anm.; korr.*
mit M, ingeiniu *R.*   24 ciwige O.

das sich oft dadurch auszeichnete,
daß sie tapfere Krieger waren,
sehr bereit zur Heerfahrt und kämpferisch.
Dennoch bezwang Caesar ihre ganze Heeresmacht.

20. Als das Bayernland sich ihm tapfer widersetzte,
belagerte er das herrliche Regensburg.
Darin fand er
Helme und Brustpanzer
5 und viele treffliche Helden,
die die Stadt bewachten.
Was für Krieger dort waren,
das ist bekannt aus heidnischen Büchern.
Dort liest man: ‚Noricus ensis‘
10 (das heißt: ein bayrisches Schwert),
denn sie glaubten zu wissen,
daß keine [anderen Schwerter] besser bissen:
Oft durchschlug man die Helme damit.
Dieses Volk besaß stets große Tapferkeit.
15 Ihr Stamm war vormals dorthin gekommen
aus dem hochgelegenen Armenien,
wo Noah aus der Arche ging,
als er den Ölzweig von der Taube empfangen hatte.
Anzeichen von der Arche gibt es noch heute
20 auf den Bergen Ararat.
Man sagt, daß in jenen Gegenden noch [Leute] seien,
die deutsch sprechen,
sehr fern gegen Indien hin. –
Die Bayern zogen immer gern in den Kampf.
25 Den Sieg, den Caesar über sie errang,
den mußte er mit Blut bezahlen.

21.   Der Sahsin wankeli mût
          dedimo leidis genûg:
          sôr si wând al ubirwundin havin,
          sô wârin simi aver widiri.
5   die lisit man daz si wîlin wêrin al
          des wunterlîchin Alexandris man,
          der diu werlt in iârin zuelevin
          irvúr uns an did einti.
          dů her ci Babilônie sîn einti genam,
10   dů cideiltin diz rîchi viere sîni man,   330
          dî dir al dů woltin kuninge sîn.
          dandere vůrin irre,
          vnz ir ein deil mit scifmenigin
          quâmin nidir cir Eilbin,
15   dâ die Duringe dů sâzin,
          die sich wider un vermâzin.
          cin Duringin dů dir siddi was,
          daz si mihhili mezzir hiezin sahs,
          der dî rekkin manigis drůgin.
20   dâmidi si die Duringe slůgin   340
          mit untrûwin ceiner sprâchin,
          die ci vridin si gelobit havitin.
          von den mezzerin alsô wahsin
          wurdin si geheizzin Sahsin.
25   svie si doch ire ding ane vîngen,
          si můstin Rômêrin alle dienin.

22.   Cêsar bigonde nâhin
          zů den sînin altin mâgin,
          cen Franken din edilin;
          iri beidere vorderin   350

21. Der Wankelmut der Sachsen
    machte ihm viel Verdruß.
    Wenn er glaubte, sie alle überwunden zu haben,
    so widersetzten sie sich ihm von neuem.
 5 Von ihnen liest man, daß sie einst alle
    Gefolgsleute des außergewöhnlichen Alexander waren,
    der die Welt in zwölf Jahren
    bis ans Ende durchzogen hatte.
    Als er in Babylon sein Ende fand,
10 da teilten das Reich vier seiner Gefolgsleute auf,
    die nun alle Könige sein wollten.
    Die andern zogen weit umher,
    bis ein Teil von ihnen mit einer Flotte
    herunterkam an die Elbe,
15 wo damals die Thüringer saßen,
    die sich ihnen tapfer widersetzten.
    Bei den Thüringern war es damals üblich,
    lange Messer ‚sahs‘ zu nennen.
    Von denen hatten die fremden Krieger viele.
20 Damit erschlugen sie die Thüringer
    treulos bei einer Unterredung,
    die sie zum Zweck des Friedens vereinbart hatten.
    Nach den Messern, die so scharf waren,
    wurden sie ‚Sachsen‘ genannt.
25 Wie immer sie es auch anstellten:
    Sie mußten alle den Römern Dienste leisten.

22. Caesar näherte sich nun
    seinen alten Verwandten,
    den edlen Franken.
    Ihrer beider Vorfahren

5 quâmin von Troie der altin,
 dû die Criechin diu burch civaltin,
 dû ubir diu heri beide
 got sîn urteil sô irsceinte,
 daz die Troiêri sum intrunnin,
10 die Criechin ni gitorstin heim vindin:
 want in den cîn iârin,
 dû si ci dere sâzin wârin,
 sô gehîetin heimi al iri wîf,
 si rieten an iri manni lîf.   360
15 des ward irslagin der kuning Agamemno.
 irri vûrin dandero,
 vns Vlix gesindin
 der ciclôps vraz in Sicilia,
 das Vlixes mit spiezin wol gerach,
20 dúr slâfinde imi sîn ouge ûzstach.
 das geslehte deri ciclôpin
 was dannoch in Siciliin,
 alsô hó *sô* cîmpoume;
 an dem eindo hatten si ein ouge. 370
25 nû havit si got van vns virtribin hinnan
 in daz gewelde hinehalf India.

23. Troiêri vûrin in der werilte
 wîdin irri after sedele,
 vns Elenus, ein virherit man,
 des kûnin Ektoris witiwin genam,
5 mit ter *er* dâ ci Criechin
 bisaz sînir vîanti rîche.

22,12 cidere O. 15 küning O. 23 hó O, hó so O*Anm.;*
 korr. mit R T. cim poume O. 26 hine half O.
23,3 vir herit O. 5 er *ergänzt mit M,* Roth R T *erg.*
her. 6 Bisiz O*; korr. mit Junius R T M.*

5   waren aus dem alten Troja gekommen,
    als die Griechen die Stadt zerstörten.
    Sein Urteil über die beiden Heere
    offenbarte Gott damals so,
    daß einige der Trojaner entkamen
10 und die Griechen nicht wagten heimzukehren:
    Denn in den zehn Jahren,
    während sie bei der Belagerung waren,
    heirateten zu Hause all ihre Frauen;
    sie trachteten ihren Männern nach dem Leben.
15 Deshalb wurde der König Agamemnon erschlagen.
    Die andern fuhren in die Irre.
    Schließlich fraß der Zyklop in Sizilien
    die Gefährten des Odysseus,
    wofür Odysseus mit Spießen furchtbar Rache nahm,
20 als er ihm im Schlaf sein Auge ausstach.
    Das Geschlecht der Zyklopen
    lebte damals noch in Sizilien;
    [sie waren] so hoch wie Kiefern,
    an der Stirn hatten sie ein Auge.
25 Nun hat Gott sie von uns hinweggetrieben
    in die Wälder jenseits von Indien.

23. Die Trojaner irrten in der Welt
    lange umher auf der Suche nach einem Wohnsitz,
    bis Helenus, der Besiegte,
    die Witwe des kühnen Hektor zur Frau nahm,
 5 mit der er in Griechenland
    seiner Feinde Reich in Besitz nahm.

si worhtin dar eini Troie,
dî man lange sint mohte scowen.   380
Antenor was gevarn dannin ér,
10   dûr irchôs, daz Troie solti cigên.
der stifted vns diu burg Pitavium
bî demi wazzere Timavio.
Enêas irvaht im Walilant.
dâr diu sú mit trîzig iungin vant,
15   dâ worhten si diu burg Albâne,
dannin wart sint gestiftit Rôma.
Franko gesaz mit den sîni
vili verre nidir bî Rîni.   390
dâ worhtin si dů mit vrowedin
20   eini luzzele Troie.
den bach hîzin si Sante
nâ demi wazzere in iri lante;
den Rîn havitin si vure diz meri.
dannin wûhsin sint vreinkischi heri.
25   dî wurden Cêsari al unterdân,
si wârin imi îdoch sorchsam.

24.   Dů Cêsar dů widere ci Rôme gesan,
si ni woltin sîn niht intfân.   400
si quâdin, daz her durch sîni geile
haviti virlorin des heris ein michil deil,
5   daz her in vremidimo lante
ân urlof sô lange havite.
mit zorne her dů widir wante
ci diutischimo lante,
dâ her hât irkunnit
10   manigin helit vili gût.

23,10 eigen O; *korr. mit Junius R T M.*   13 Wialilant O,
Walilant O*Anm.; korr. mit R T.*   20 lüzzele O.

Sie erbauten dort ein [neues] Troja,
das man noch lange später sehen konnte.
Antenor war [schon] früher weggefahren,
10 als er merkte, daß Troja untergehen würde.
Der gründete uns die Stadt Padua
bei dem Fluß Timavus.
Äneas erkämpfte sich Welschland:
Dort, wo er die Sau mit dreißig Ferkeln fand,
15 erbauten sie die Stadt Alba,
von wo aus später Rom gegründet wurde.
Franko ließ sich mit den Seinigen
ganz in der Ferne am Rhein nieder.
Dort erbauten sie damals mit Freuden
20 ein kleines Troja.
Den Bach nannten sie Sante
nach dem Fluß in ihrer Heimat.
Den Rhein nahmen sie statt des Meeres.
Dort wuchs seitdem das fränkische Volk.
25 Es wurde Caesar ganz untertan;
dennoch bereiteten sie ihm Sorge.

24. Als Caesar nun wieder nach Rom zog,
wollten sie ihn nicht empfangen.
Sie sagten, daß er durch seinen Übermut
einen großen Teil des Heeres verloren habe,
5 weil er in fremdem Land
ohne Erlaubnis so lange geblieben sei.
Zornig kehrte er da zurück
nach dem deutschen Land,
wo er viele vortreffliche Helden
10 kennengelernt hatte.

her sante zû den heirrin,
die dar in rîche wârin.   410
her clagitin allin sîni nôt,
her bôt un golt vili rôt.

15   her quad, daz her si wolti gern irgezzin,
obir un ieht ci leide gedân hetti.

25.   Dû si virnâmin sînin wille,
si saminôtin sich dar alle:
v̂zir Gallia unti Germânia
quâmin imi scarin manige,
5   mit schînintin helmen,
mit vestin halspergin.   420
si brâhtin manigin scônin schiltrant.
als ein vlût vûrin sin daz lant.
dû ci Rôme her bigondi nâhin,
10   dû irvorhtini dar manig man,
wanti si sâgin schînin
sô breite scarin sîni
vanin ingegin burtin;
des lîbis si alle vorhtin.
15   Câto unti Pompêius
rûmiti rômischi hûs;   430
al der senâtus,
mit sorgen vluhin si diurûz.
her vûr un nâh iaginta,
20   wîtini slahinta
vnz in Egypti lant.
sô michil ward der herebrant.

24,13 noht O.
25,10 irvohtini O, Irvorthini O*Anm.; korr. mit Meisen*,
irvorti ini *T,* irvorthim *R.*   13 burhtin O.   17 Al-
der O.

Er sandte zu den Vornehmen,
die dort an der Herrschaft waren.
Er klagte ihnen allen seine Not,
er bot ihnen ganz rotes Gold.
15   Er sagte, er wolle sie gern entschädigen,
falls er ihnen etwas zuleide getan habe.

25. Als sie seinen Wunsch vernahmen,
versammelten sie sich alle dort.
Aus ‚Gallia‘ und ‚Germania‘
kamen viele Scharen zu ihm
 5   mit schimmernden Helmen,
mit festen Halsbergen.
Sie brachten viele glänzende Schilde.
Wie eine Flut strömten sie in das Land.
Als er sich Rom zu nähern begann,
10   da fürchteten ihn viele dort,
denn sie sahen [in der Sonne] leuchten
seine so weit ausgedehnten Heerscharen,
die die Fahnen ihnen entgegenreckten.
Sie alle fürchteten um ihr Leben.
15   Cato und Pompejus
verließen Rom;
der ganze Senat
entfloh mit Furcht daraus.
Er zog ihnen nach, sie jagend
20   und weithin treibend
bis nach Ägypten.
Gewaltig wurde der Brand des Krieges.

26.   VVer móhte gecelin al die menige,
       die Cêsari îltin ingeginne
       van ôstrit allinthalbin,
       alsi der snê vellit ûffin alvin,   440
5   mit scarin unti mit volkin,
       alsi der hagil verit van den wolkin!
       mit minnerigem herige
       genanter an die menige.
       dû ward diz hêristi volcwîg,
10   alsô diz bûch quît,
       daz in disim merigarten
       ie geurumit wurde.

27.   Oy wî dî wîfini clungin,
       dâ dî marih cisamine sprungin!   450
       herehorn duzzin,
       becche blûtis vluzzin,
5   derde diruntini diuniti,
       dî helli ingegine gliunte,
       dâ dî hêristin in der werilte
       sûhtin sich mit suertin.
       dû gelach dir manig breiti scari
10   mit blûte birunnin gari.
       dâ mohte man sîn douwen,
       durch helme virhouwin,   460
       des rîchin Pompêiis man.
       dâ Cêsar den sige nam.

26,2 in geginne O.
27,2 marin O; *korr. mit Wackernagel R.*   6 in gegine O.

26. Wer könnte die ganze Volksmenge zählen,
    die Caesar entgegeneilte
    aus dem gesamten Osten,
    mit Heerscharen und Völkerschaften,
5   wie der Schnee in den Alpen fällt,
    wie der Hagel aus den Wolken fährt!
    Mit einem kleineren Heer
    wagte er sich gegen die Volksmenge.
    Da kam es zur gewaltigsten Schlacht
10 (so sagt es das Buch),
    die auf dieser Welt
    je geschlagen wurde.

27. Oh, wie die Rüstungen erklangen,
    wo die Streitrosse zusammenrannten!
    Die Kriegsdrommeten tönten,
    Bäche von Blut strömten,
5   die Erde drunten donnerte,
    die Hölle glühte entgegen,
    wo die Höchsten auf der Welt
    mit Schwertern sich feindlich begegneten.
    Viele große Scharen lagen dort
10 ganz überströmt mit Blut.
    Man konnte dort sterben sehen
    – wund geschlagen durch die Helme –
    die Männer des mächtigen Pompejus;
    Caesar errang den Sieg.

28.   Dů vrouwite sich der iunge man,
       daz her die rîche al gewan.
       Her vûr dů mit gewelte
       ci Rôme suî sô her wolte.
5   Rômêre, dů sin infiengin,
       einin nûwin sidde aneviengin:
       si begondin igizin den heirrin.
       daz vundin simi cêrin,   470
       wanter eini dů habite allin gewalt,
10   der é gideilit was in manigvalt.
       den sidde hîz er dů cêrin
       diutischi liuti lêrin.
       ci Rôme deddir ûf daz scazhûs,
       manig cieri nam her dan ûz,
15   her gébite sînin holdin
       mit pellin ioch mit golte.
       sidir wârin diutschi man
       ci Rôme lîf unti wertsam.   480

29.   Dů Cêsar sîn einti genam,
       vnte der sîn neve gůt diu rîchi gewan,
       Augustus der mêre man –
       Owisburg ist nâ imi geheizan;
5   diu stifte ein sîn stîfsun,
       Drûsus genanter –,
       dů ward gesant heirro Agrippa,
       daz her diu lant birehta,
       daz her eini burg worhte,
10   ci diu daz in dad liut vorte.   490
       die burg hîz her Colônia,
       dâ wârin sint hêrrin maniga;
       avir nâ selbe demo namin sînin
       ist si geheizin Agrippîna.

29,5 stiffun *O; korr. mit Junius R T M.*   10 liuht *O.*

28. Da freute sich der junge Mann,
    daß er alle Reiche erobert hatte.
    Er zog nun mit Macht
    nach Rom, wie es ihm gefiel.
5   Die Römer fingen zu seinem Empfang
    einen neuen Brauch an:
    Sie begannen, den Herrscher mit ‚Ihr‘ anzureden.
    Das erfanden sie ihm zu Ehren,
    denn er allein hatte nun die ganze Macht,
10 die früher auf viele verteilt war.
    Diesen Brauch ließ er darauf – als Ehrung –
    [auch] die Deutschen lehren.
    In Rom tat er das Schatzhaus auf;
    viel Schmuck nahm er heraus.
15 Er beschenkte seine Getreuen
    mit kostbaren Seidenstoffen und mit Gold.
    Seitdem waren die deutschen Mannen
    in Rom lieb und wert.

29. Als Caesar sein Ende gefunden
    und sein trefflicher Neffe die Reiche in seine Gewalt
                                      bekommen hatte,
    der berühmte Augustus
    (Augsburg ist nach ihm genannt;
5   das gründete einer seiner Stiefsöhne
    namens Drusus),
    da wurde Fürst Agrippa ausgesandt,
    damit er die Länder in Ordnung brächte
    und eine Stadt erbaute
10 zu dem Zweck, daß das Volk ihn fürchtete.
    Die Stadt nannte er Colonia
    (dort waren seitdem viele Herrscher);
    ferner ist sie nach seinem eigenen Namen
    Agrippina genannt.

30.   Ci dere burg vili dikki quâmin
        dî waltpodin vane Rôme,
        dî dir oug êr dar in lantin
        veste burge havitin:
5   Wurmiz unti Spîri,
        die si worhtin al die wîli,   500
        dû Cêsar dar in lante was
        vnter die Vrankin unter saz.
        dû worhter dâ bî Rîne
10   sedilhove sîne.
        Meginza was dû ein kastel,
        iz gemêrte manig helit snel;
        dâ ist nû dere kuninge wîchtûm,
        dis pâbis senitstûl.
15   Mezze stifte ein Cêsaris man,
        Mezius geheizan.   510
        Triere was ein burg alt –
        si cierti Rômêre gewalt –,
        dannin man unter dir erdin
20   den wîn santi verri
        mit steinîn rinnin
        den hêrrin al ci minnin,
        die ci Kolne wârin sedilhaft:
        vili michil was diu iri craft.

31.   In des Augusti cîtin gescahc,
        daz got vane himele nider gesach.   520
        dû ward giborin ein kuning,
        demi dienit himilschi dugint:
5   Iêsus Christus, godis sun,

30,6 Diesi O.   12 gemerhte O.   13 Küninge O.   14
     senit stul O.
31,3 Küning O.

30. Zu dieser Stadt kamen sehr oft
    die Bevollmächtigten aus Rom,
    die auch vorher schon dortzulande
    feste Städte besaßen:
5 Worms und Speyer,
    die sie während der Zeit erbaut hatten,
    als Caesar dort im Land war
    und sich zwischen den Franken festsetzte.
    Damals erbaute er am Rhein
10 seine Herrensitze.
    Mainz war damals ein befestigter Ort,
    viele tapfere Helden vergrößerten es;
    dort ist jetzt die Weihestätte der Könige
    und der Sitz der päpstlichen Synoden.
15 Metz gründete ein Gefolgsmann Caesars
    namens Metzius.
    Trier war eine alte Stadt;
    die mächtigen Römer schmückten sie aus.
    Von dort sandte man unterirdisch
20 den Wein weithin
    in steinernen Rinnen,
    als Freundesgabe für all die Herrscher,
    die in Köln residierten.
    Sehr groß war ihre Macht.

31. Zur Zeit des Augustus geschah es,
    daß Gott vom Himmel herniedersah;
    da wurde ein König geboren,
    dem die himmlischen Heerscharen dienen:
5 Jesus Christus, Gottes Sohn,

von der megide sente Mâriun.
des erschinin sân ci Rôme
godis zeichin vrône:
ûzir erdin diz lûter olei spranc,
10   scône ranniz ubir lant;
vmbe diu sunnin ein creiz stûnt,
alsô rôt sô viur unti blût.   530
wanti dû bigondi nâhin,
dannin uns allin quam diu genâde:
15   ein niuwe kunincrîchi.
demi mǔz diu werilt al intwîchin.

32.   Senti Pêtir, dir boto vrône,
den diuvil ubirwantir ci Rôme.
her rehte dâ ûf dis heiligin crûcis ceichin,
her screif diu burg ci Cristis eigine.
5   dannin santir drî heilige man,
ci predigene den Vrankan: 540
Eucharium unti Valêrium,
der dritti geinti ûffin leige.
dâ kêrdin dî zvêne widere,
10   senti Pêtri daz ci clagine.
dari santer dû sînin staf,
den legitin si ûffe Maternis graf.
si hîzin un wider von dem tôd erstân,
in senti Pêtiris gibote mit un ci Vrankin gân.
15   dû her sînis meisteris namin virnam,
her ward un sân gihôrsam.   550
dû intloich sich diu molta,
als iz got wolta.
her vieng sich ci demi grasi,

31,12 roht O.   15 Künincrichi O.
32,3 rethi O, rehte O *Anm.*; rehti *M*, rihti *R T*.

von der heiligen Jungfrau Maria.
Deshalb erschienen alsbald in Rom
Gottes heilige Zeichen:
Aus der Erde sprudelte lauteres Öl;
10 schön floß es übers Land.
Die Sonne umgab ein Kreis,
so rot wie Feuer und Blut.
Jetzt nämlich begann zu nahen,
wodurch für uns alle das Heil kam:
15 ein neues Königreich,
dem die ganze Welt weichen muß.

32. St. Peter, der heilige Apostel,
besiegte in Rom den Teufel.
Er richtete dort das Zeichen des heiligen Kreuzes auf;
[damit] übereignete er Christus die Stadt.
5 Nun sandte er drei heilige Männer aus,
um den Franken zu predigen:
Eucharius und Valerius –
der dritte starb auf dem Felsen.
Die zwei kehrten zurück,
10 um St. Peter das zu klagen.
Darauf sandte er seinen Stab dorthin,
den legten sie auf Maternus' Grab.
Sie befahlen ihm, vom Tode wieder aufzuerstehen
und im Auftrag St. Peters mit ihnen nach Franken
zu ziehen.
15 Als er seines Meisters Namen hörte,
gehorchte er ihnen auf der Stelle;
da öffnete sich die Erde
nach Gottes Willen.
Er hielt sich fest am Gras.

20   schiere îlter ûs demo gravi,
         dâr vîrcig dagi hatti gilegin;
         dû mûster vîrcig iâr lebin.
         cêrist si dû ci Trierin lêrtin,
         darná si Kolni bikêrtin,
25   dâ bischof ward derselbe man,
         der vane demi tôdi was irstantan.   560

33.   Dû gewunnin si dâ ci Vrankin
         ci godis dienisti vili manigin man
         mit beizzirimo wîge,
         dan si Cêsar gewanne wîlen.
5   si lêrtin si widir sunde vehtin,
         daz si ci godi wêrin gûde knechte.
         dere lêre sint wole plâgin,
         dî bischove nâh in wârin,
         drî unti drîzig gezalt
10   vns ane seint Annin gewalt.   570
         dere sint nû heilig sibine;
         die schînint uns von himele,
         als iz sibin sterrin nahtis dûnt.
         seint Anno, lieht is her unti gût:
15   vntir dandere brâhter sînin schîm
         alsi der jachant in diz guldîni vingerlîn.

34.   Den vili tiurlîchin man
         muge wir nû ci bîspili havin,
         den als ein spiegil anesîn,
         die tugint unti wârheiti wollen plegin.   580

33,8 na hin O; korr. mit Junius R T.
34,2 Müge O.

20 Rasch eilte er aus dem Grab,
   worin er vierzig Tage gelegen hatte.
   Nun sollte er [noch] vierzig Jahre leben.
   Zuerst lehrten sie dann in Trier,
   danach bekehrten sie Köln,
25 wo derselbe Mann Bischof wurde,
   der vom Tode erstanden war.

33. Da gewannen sie in Franken
    viele Männer für den Dienst Gottes
    in einem besseren Kampf,
    als [dem, in welchem] Caesar sie vormals gewonnen
                                                      hatte.
 5 Sie lehrten sie, gegen die Sünde zu kämpfen,
    damit sie gute Krieger Gottes wären.
    Diese Lehre verbreiteten später eifrig [alle],
    die nach ihnen Bischöfe waren,
    dreiunddreißig an der Zahl
10 bis zur Herrschaft St. Annos.
    Von ihnen sind jetzt sieben heilig.
    Die leuchten für uns vom Himmel
    wie die sieben Sterne bei Nacht.
    St. Anno – hell leuchtend und vorbildlich ist er:
15 Den andern fügte er seinen Glanz hinzu
    wie der Hyazinth dem goldenen Ring.

34. Den einzigartigen Mann
    wollen wir nun zum [Thema der] belehrenden
                                      Erzählung nehmen;
    diejenigen sollen ihn als Vorbild ansehen,
    die gut und wahrhaftig sein wollen.

5   dů der dritte keiser Heinrîch
     demi selbin heirrin bival sich,
     vnti der godis willo was irgangin,
     dar her ci Kolne ward mit lobe intfangin,
     dů gieng her mit liut crefte:
10   alsi diu sunni důt in den liufte,
     diu inzuschin erden unti himili geit,
     beiden halbin schînit,
     alsô gieng der bischof Anno
     vure gode unti vure mannen.   590
15   in der phelinzin sîn tugint sulich was,
     daz un daz rîch al untersaz,
     ci godis diensti in den gebérin,
     samir ein engil wêri.
     sîn êre gihîlter wole beidinthalb.
20   dannin ward her ci rehtimi hêrtûmi gezalt.

35.   Sîn gûte bikanti vil unmanig man.
     nû virnemit, wî sîni siddi wârin gedân:
     offen was her sînir worte,
     vure dir wârheite niemannin her ni vorte.   600
5   als ein lewo saz her vur din vuristin,
     als ein lamb gîn her untir diurftigin.
     den tumbin was her sceirphe,
     den gûtin was er einste.
     weisin unti widewin,
10   die lobitin wole sînin sidde.
     sîni predigi unti sîn ablâz
     nimohti nichein *bischof* dûn baz,

34,10 düht O.   11 in zuschin O.   15 sülich O.   19
    beidint halb O.
35,1 un manig O.   12 nichein O, nichein bischof O *Anm.;*
    korr. mit R T.

5 Als Kaiser Heinrich III.
  sich diesem Herrn anvertraute
  und Gottes Wille geschehen war,
  da zog er bei seinem ehrenvollen Empfang in Köln
  mit einer großen Menschenmenge einher:
10 Wie die Sonne in den Lüften,
  die zwischen Erde und Himmel geht
  und nach beiden Seiten leuchtet,
  so schritt Bischof Anno
  vor Gott und den Menschen.
15 Am königlichen Hof war seine Macht so groß,
  daß alle Reichsfürsten ihre Sitze unter ihm hatten;
  im Dienst Gottes verhielt er sich so,
  als wäre er ein Engel.
  Auf beiden Seiten bewahrte er voll sein Ansehen.
20 Deshalb wurde er zu den wahrhaften Herrschern
  gezählt.

35. Seine Güte kannten [nur] sehr wenige Menschen.
  Nun hört, wie er lebte und handelte:
  Offen war er in seiner Sprache,
  wegen der Wahrheit fürchtete er niemand.
5 Wie ein Löwe präsidierte er den Fürsten,
  wie ein Lamm ging er unter den Armen.
  Gegen die Unverständigen war er streng,
  gegen die Guten wohlwollend.
  Waisen und Witwen
10 lobten seine Handlungsweise sehr.
  Predigen und Ablaß spenden
  konnte kein Bischof besser als er:

alsô gotlîche,
dad iz mit rehte solte lîchen   610
15   allir irdischir diet.
gode was her vili liep.
sêliclîche stûnt kolnischi werlt,
dû si sulichis bischovis wârin wert.

36.   Sô diz liut nahtis ward slâfin al,
sô stûnt imi ûf der vili gûte man.
mit lûterer sînir venie
sûhter munistere manige.
5   sîn oblei her mit imi drûg,
dir armin vant her genúg,   620
die dir selide niht hattin
vnt imi dâ ware dâdin.
dâ diz armi wîf mit demi kindi lag,
10   der dir nieman ni plag,
dari gienc der bischof vrôno;
her gebettidi iri selbe scôno,
sô her mit rehte mohte heizin
vatir aller weisin.
15   sô harte was er in genêdig.
nû havitis imi got gelônit.   630

37.   Vili sêliclîche diz rîche alliz stûnt,
dû dis girihtis plag der heirre gût,
dû her zô ci demi rîchi
den iungen Heinrîche.
5   wilich rihtêre her wêre,

35,18 sülichis O.   werht O.
36,1 liuht O.   4 münistere O.

so fromm,
daß es mit Recht
15 allen Menschen auf Erden gefallen mußte.
Gott war er sehr lieb.
Glücklich war das Volk von Köln,
als es eines solchen Bischofs wert war.

36. Wenn die Leute nachts alle schliefen,
dann stand der sehr fromme Mann auf.
Mit aufrichtigem, kniefälligem Gebet
suchte er viele Klosterkirchen auf.
5 Die ihm entrichteten Abgaben hatte er bei sich.
Er fand genug Arme,
die kein Obdach hatten
und dort nach ihm Ausschau hielten.
Wo die arme Frau mit dem Kind lag,
10 um die sich niemand kümmerte,
dorthin ging der heilige Bischof;
er bereitete ihr selber sorgfältig das Lager,
weshalb er mit Recht
‚Vater aller Waisen‘ heißen konnte:
15 So sehr war er barmherzig gegen sie.
Nun hat Gott ihn dafür belohnt.

37. Sehr glücklich befand sich das ganze Reich,
als der fromme Fürst die Regierungsgewalt innehatte,
als er den jungen Heinrich
zur Herrschaft erzog.
5 Was für ein Regent er war,

das quam wîtini mêre.
van Criechin unt Engelantin
die kuninge imi gebi santin;
sô dedde man von Denemarkin,
10   von Vlanterin unti Riuzilanti.   640
manig eigin her ci Kolni gewan.
dî munister cierter ubir al.
ci demi tiurin gotis lobe stiftir
selbo vier munister;
15   diz vunfti ist Sigeberg, sîn vili liebi stat,
dar ûffe steit nû sîn graf.

38.   Ni avir diu michil êre
iewiht wurre sînir sêlin,
sô dede imi got, alsô dir goltsmid dût,
sôr wirkin willit eine nuschin gût: 650
5   diz golt siudit her in eimi viure;
mit wêhim werki dût her si tiure,
mit wierin alsô cleinin;
wole slîft her die goltsteine;
mit manigir slahtin gigerwa
10   gewinnit er in die variwa.
alsô sleif got seint Annin
mit arbeidin manigin.

39.   Dikki *un* anevuhtin dî lantheirrin,
ci iungis brâht iz got al ci sînin êrin.   660
vili dikki un anerietin,

37,8 Küninge O.   12.14 münister O.   13 f. lobe / Stif-
tir O; *Reimtrennung mit Kettner R T.*
38,2 würre O.
39,1 im O; in R.

das wurde weithin bekannt.
Die Könige von Griechenland und England
sandten ihm Geschenke;
ferner geschah dies aus Dänemark,
10 Flandern und Rußland.
Viel Besitz erwarb er in Köln.
Die Kirchen schmückte er überall aus.
Um das herrliche Gotteslob zu fördern,
gründete er selbst vier Klöster;
15 das fünfte ist Siegberg, seine besonders liebe Stätte.
Dort oben steht nun sein Grab.

38. Damit aber der große Ruhm
seiner Seele nicht irgendwie schade,
tat Gott an ihm, wie der Goldschmied tut,
wenn er eine schöne Spange herstellen will:
5 Das Gold bringt er im Feuer zum Schmelzen;
er macht sie kostbar mit kunstreicher Arbeit
und mit den zierlichsten Golddrähten;
schön schleift er die Topase;
mit mancherlei Zubereitung
10 verleiht er ihnen ihren farbigen Glanz.
Ebenso schliff Gott St. Anno
mit vielerlei Mühsal.

39. Oft griffen ihn die Herren im Lande an,
[doch] zuletzt wandte Gott alles zu seinem Ruhm.
Sehr oft planten diejenigen Anschläge gegen ihn,

　　　dî une soltin bihûtin.
5　　wî dikki une dî virmanitin,
　　　dî her ci heirrin brâht havite!
　　　ci iungis niwart daz niht virmidin,
　　　her niwurde mit gewêfinin ûze dir burg virtribin,
　　　als Absalon wîlin
10　　virtreib vater sînin,
　　　den vili gûtin David.
　　　disi zuei dinc, harti si wârin gelîch.　　　　　　670
　　　leidis unte arbeite genúg
　　　genîte sich der heirro gût,
15　　al náh dis heiligin Cristis bilide.
　　　dû súnt iz got van himele.

40.　　Dar nâh vîng sich ane der ubile strît,
　　　des manig man virlôs den lîph,
　　　dû demi vierden Heinrîche
　　　virworrin wart diz rîche.
5　　mort, roub unti brant
　　　civûrtin kirichin unti lant　　　　　　　　　680
　　　von Tenemarc unz in Apuliam,
　　　van Kerlingin unz an Vngerin.
　　　den nîman nimohte widir stén.
10　　obi si woltin mit trûwin unsamit gên,
　　　die stiftin heriverte grôze
　　　wider nevin unti hûsgenôze.
　　　diz rîche alliz bikêrte sîn gewêfine
　　　in sîn eigin inâdere.
15　　mit siginuftlîcher ceswe
　　　vbirwant iz sich selbe,　　　　　　　　　　690

39,4.5 üne O.　　　14 Genihte O.
40,5 Morht O.　　　6 Ci vurtin O.　　　10 un samit O.　　　11
　Diz O; *korr. mit Goldmann* R T.

die ihn beschützen sollten.
5 Wie oft mißachteten ihn die,
die er zu Herren gemacht hatte!
Schließlich kam es so weit,
daß er mit Waffengewalt aus der Stadt vertrieben
                                        wurde,
wie Absalom vormals
10 seinen Vater vertrieben hatte,
den frommen David.
Diese zwei Ereignisse – sie glichen einander sehr.
Viel Leid und Mühsal
mußte der fromme Fürst ertragen,
15 ganz nach dem Vorbild des heiligen Christus.
Doch Gott im Himmel vergalt es.

40. Danach begann der schlimme Kampf,
durch den viele ihr Leben verloren,
als dem vierten Heinrich
das Reich in Unordnung gebracht wurde.
5 Mord, Raub und Brand
verwüsteten Kirchen und Länder
von Dänemark bis nach Apulien,
von Frankreich bis nach Ungarn.
Denen niemand widerstehen könnte,
10 wenn sie treu zusammenhalten würden,
die veranstalteten große Kriegszüge
gegen Verwandte und Landsleute.
Das ganze Reich kehrte seine Waffen
gegen seine eigenen Eingeweide.
15 Mit siegreicher Hand
überwand es sich selber,

daz dî gidouftin lîchamin
vmbigravin ciworfin lâgin
ci âse den bellindin,
20   den grâwin walthundin.
dû daz ni trúite bisûnin seint Anno,
dû bidrôz une lebin langere.

41.   Her reit ci Salivelt in Duringe lant.
dâ irbaritimi got diu sîni hant:
einis dagis ingegin nône
dir himil indedde sich scône;   700
5   dâ sach her inne
diu gotelîche wunne,
dî her nidorsti kundin
nicheinimo weriltlîchim manne.
dû her ûffe sînim wagene lag,
10   vnter sînis gebeddis plag,
sulich mâncraft un umbevieng,
daz man sescein ros ci demo wagine spien.
dû dûht hun, daz her sêge,
suad sôdor iemir kunftig wêre.   710
15   vili harte untirquam sigis der heilige man;
dû bigondir dannin sîchen.

42.   Einis nahtis der heirro dû gesach,
wî her quam in einin vili kuniglîchin sal
ci wuntirlîchimi gesidele,

40,18 ci worfin O.   22 üne O.
41,1 reiht O.   Düringe O.   2 simi O; *korr. mit Scherz*
R T M.   7 kündin O.   8 weritlichim O; *korr. mit*
Junius R T M.   11 Sülich O.   12 cidemo O.   13
düht O.   14 künftig O.   15 untir quam O.
42,2 Küniglichin O.

so daß die Leichen der Christen
unbestattet hingestreut lagen
als Aas für die bellenden
20 grauen Wölfe.
Als St. Anno keine Möglichkeit zur Schlichtung sah,
wurde es ihm lästig, länger zu leben.

41. Er begab sich nach Saalfeld ins Land der Thüringer.
Dort offenbarte sich ihm Gott:
Eines Tages um die neunte Stunde
tat sich der Himmel herrlich auf;
5 darin sah er
die göttliche Herrlichkeit,
die er keinem Menschen in der Welt
zu künden wagte.
Als er auf seinem Wagen lag
10 und sein Gebet verrichtete,
kam eine solche Macht über ihn,
daß man sechzehn Pferde vor den Wagen spannen
                                          [mußte].
Da glaubte er all das zu sehen,
was je in Zukunft geschehen sollte.
15 Heftig erschrak der heilige Mann darüber
und wurde krank davon.

42. Eines Nachts nun sah der Fürst,
wie er in einen ganz königlichen Saal kam
mit wunderbaren Sitzen,

sô iz mit rehti solde sîn ci himele.

5 dû dûht un in sî*nim* troume,
wîz allinthalvin wêre bihangin mit golde.
dî viuli tiurin steini liuhtin dar ubiral,
sanc unti wunne was dir grôz unti manigvalt.   720
dû sâzin dar bischove manige,
10 si schinin alsô die sterrin cisamine.
dir bischof Bardo was ir ein,
senti Heribret gleiz dar als ein goltstein.
andere heirin genúg:
vn was ein lebin unt ein mût.
15 dû stûnt dir ein stûl ledig unt eirlîch;
seint Anno wart sînis vili gemeit.
her was ci sînin êrin dar gesat;
nû lobit hers got, dad iz alsô gescach.   730
ô wî gerne her dû gesêze,
20 den lîbin stûl wî gerner bigriffe!
dad ni woltin gelôbin dî vurstin
durch einin vlekke vure sînin brustin.

43.   Vf stûnt dir heirrin ein, hîz Arnolt;
ci Wurmizi was her wîlin bischof.
seint Annin nam her mit handin,
sô quâmin si dar bihalvin.
5 mit sûzir redin her un dû bistûnt.
her sprach: „trôsti dig, heirro, godis drût!   740
disin vlekkin wîsi hine gedûn!
ci wâre, dir is gereit der êwigi stûl.
daz sal sîn in curtin stundin,

42,5 düht O.   siumi O*; korr. mit Roth R*, simi *T M*.   6
allint halvin O.   14 muht O.   16 gemeiht O.   18
gesach O*; korr. mit Roth R T M.*
43,6 drüt O.

wie sie zu Recht im Himmel sein sollten.
5   Da schien es ihm in seinem Traum,
daß sie auf allen Seiten mit goldenen Stoffen behangen
                                              seien.
Die kostbarsten Edelsteine leuchteten überall.
Gesang war dort und große und vielfältige Freude.
Viele Bischöfe saßen dort;
10 sie leuchteten wie die Sterne.
Einer von ihnen war Bischof Bardo;
St. Heribert leuchtete dort wie ein Topas.
Viele andere [geistliche] Fürsten [waren da]:
eine Lebensweise und *eine* Gesinnung vereinte sie.
15 Nun stand dort ein prächtiger freier Stuhl.
St. Anno freute sich sehr darüber.
Ihm zu Ehren war er dorthin gestellt;
nun lobte er Gott dafür, daß es so geschehen war.
Ach wie gern hätte er sich nun gesetzt,
20 wie gern den lieben Thron in Besitz genommen!
Das wollten die Fürsten nicht erlauben
wegen eines Fleckens vorn an seiner Brust.

43. Einer der Fürsten namens Arnold erhob sich;
in Worms war er vormals Bischof gewesen.
Er nahm St. Anno bei der Hand.
So traten sie beiseite.
5   Freundlich redete er ihn da an
und sagte: „Sei zuversichtlich, Herr, du Liebling Gottes!
Gib Anweisung, daß dieser Flecken hinweggetan werde!
Wahrlich, für dich ist der ewige Thron bereit.
Bald wird das geschehen;

10   sô bistu disin heirrin willicumin.
        vntir un nimaht tu nû blîvin.
        wî lûtir iz sal sîn, dad si willin lîdin!
        Crist havit tir disi ding irougit.
        ô wî, heirro, wad tir êrin unti genâdin volgit!"
15   harti gînc iz imi ci hercin,
        daz her widere kêrin solde zir erdin.   750
        ni wêrit dû ci stundin sô gewant,
        durch alle diusi werilt ni rúmiter daz paradysi lant:
        sulich is diu himilschi wunne.
20   dar sule wir denkin, alt unti iungin.
        von demi slâfe dir heirro dû gestûnt,
        wole wister, wad her solde dûn:
        Kolnêrin virgab her sîni hulte.
        daz her si hazzite, wî grôz daz wârin ere sculte!

44.   Dû dat cît dû bigonde nâhen,
        daz imi got wolte lônin,   760
        dû ward her gikeistigit
        alsi dir heiligi Iôb wîlin:
5   vane vûzin vns an diz hoibit
        sô harti al bitoibit.
        sô schît diu tiure sêla
        von mennislîchimo sêra,
        von disimo siechin lîbi
10   in das êwigi paradysi.
        diz vleisc intfînc du erda,
        dir geist vûr up ci berga.   770
        dari sule wir iemir nâh imo deinkin,
        wâ wir ci iungist sulin leintin.

43,19 Sülich O.

10　dann bist du diesen Herren willkommen.
　　Jetzt kannst du unter ihnen nicht bleiben.
　　Wie rein muß das, was sie gerne haben, sein!
　　Christus hat dir diese Dinge vor Augen gestellt.
　　Ach Herr, wieviel Anerkennung und Gnade wird dir
　　　　　　　　　　　　　　　　　　　　zuteil werden!"
15　Sehr ging es ihm zu Herzen,
　　daß er auf die Erde zurückkehren sollte.
　　Hätte es sich in diesem Augenblick nicht so verhalten –
　　um nichts in der Welt hätte er das Paradies verlassen:
　　So groß ist die himmlische Herrlichkeit.
20　Dorthin sollen wir, Junge und Alte, unsere Gedanken
　　　　　　　　　　　　　　　　　　　　　wenden.
　　Der Fürst erhob sich nun aus dem Schlaf.
　　Er wußte sehr gut, was er zu tun hatte:
　　Den Kölnern schenkte er sein Wohlwollen.
　　Daß er ihr Feind war – wie sehr war das ihre Schuld
　　　　　　　　　　　　　　　　　　　　　gewesen!

44. Als nun die Zeit herannahte,
　　daß Gott ihn belohnen wollte,
　　da wurde er gequält
　　wie vor Zeiten der heilige Hiob:
　5　Von den Füßen bis zum Haupt
　　[wurde er] völlig seiner Kräfte beraubt.
　　Da schied die kostbare Seele
　　von menschlicher Qual,
　　von diesem kranken Körper [ging sie]
10　ins ewige Paradies.
　　Die Erde empfing das Fleisch,
　　der Geist fuhr aufwärts.
　　Dorthin sollen wir stets – ihm entsprechend – die
　　　　　　　　　　　　　　　　　　　Gedanken richten,
　　wo wir zuletzt unsere Fahrt beenden werden.

45.   Alser dů ci godis antwurte quam,
           cin êwigin ginâdin,
           dů dedde dir heirro edile gemût,
           alsô dir ari sînin iungin důt,
5   sôr si spanin willit ûz vliegin:
           her suêmit ob in ce cierin,
           her wintit sich ûf ci berge,
           daz sint dûnt die iungin gerne.   780
           alsô woldir uns gespanin,
10   wari wir nâ imi soldin varin.
           her zoigit uns hînidine,
           wilich lebin sî in himile.
           ci demi gravi, dâ sini woltin dôt havin,
           dâ worhtir scône ceichin:
15   die sîchin unti die crumbe,
           dî wurdin dâ gesunte.

46.   Arnolt hiez ein vollin gůt kneht;
           der havit einin vogitman, hiez Volpreht,   790
           der durch werltlîche sculde
           virlôs sînis heirrin hulte.
5   dů bigonder godi missitrûwin,
           helphe sůhter an din tiuvil:
           her kós vn imi ci vogite
           wider Arnolde.
           einis âbindis gînc her einin ganc
10   nâ sînimo rosse, einis veldis lanc.
           dâ irschein imi der tiuvil offene.
           her virbôt imi alle Cristis é,   800
           vnt her nîmanni daz ni sagite,
           wî her un gesîn havite.

45,6 obin O; *Trennung mit Roth R T.*   8 dint O; *korr.*
mit Junius T M, duont R.   13 doht O.

45. Als er nun der Gegenwart Gottes teilhaftig wurde,
    der ewigen Glückseligkeit,
    da handelte der edelgesinnte Herr so
    wie der Adler gegenüber seinen Jungen,
 5 wenn er sie locken will, auszufliegen:
    Herrlich schwebt er über ihnen,
    er schraubt sich [kreisend] empor;
    daraufhin machen es [auch] die Jungen gern.
    Ebenso wollte er uns dorthin locken,
10 wohin wir ihm nachfolgen sollten.
    Er zeigte uns hier unten,
    was für ein Leben im Himmel sei.
    An seinem Grab, wo sie ihn tot glaubten,
    wirkte er herrliche Wunder:
15 Die Kranken und Lahmen
    wurden dort gesund.

46. Arnold hieß ein höchst ehrenwerter Ritter;
    der hatte einen Untergebenen namens Volprecht,
    der durch weltliches Verschulden
    die Gunst seines Herrn verloren hatte.
 5 Darauf begann er an Gott zu zweifeln
    und suchte Hilfe beim Teufel:
    Er erwählte ihn zu seinem Schutzherrn
    gegen Arnold.
    Eines Abends tat er einen Gang,
10 eine Feldlänge weit, zu seinem Pferd.
    Da erschien ihm offen der Teufel.
    Er verbot ihm gänzlich den christlichen Glauben
    und befahl ihm, niemand zu erzählen,
    daß er ihn gesehen habe.

15   her quad, giwûge hers eincheinim manne,
         her cibrêchin ci stukkelîni allin;
         wolter avir imi volgin,
         sô hetter imi gewissin holtin.
         mit drón unti mit geheizan
20   virleitter dû den tumbin man,
         daz her gelîz sich cis vîantis trûwin.
         daz ward imi sint ci rûwin.   810

47.   Des andren tagis her mit Arnolde reit.
         dis tiuvilis geheizi was her vili gemeit.
         mit misselîchin redin her dar zû quam,
         daz her godis bigonde virlouchinan.
5   godis heiligin bigonder lasterin –
         daz nîman nisolti gebaldin –,
         vnzi dû der vili tumbe man
         bigondi lasterin seint Annin.
         her quad, dad her iz al wol irkante,
10   iz wêr al triugeheit unti scante;   820
         Anno lebit ié mit suntin.
         wad ceichine her getuon solte?
         dere vrebelîchin schelti
         mûster sân intgeltin:
15   dâ cistede sîn ouge winister
         vûr imi ûz als ein wazzer.
         dû der ungeloubige man
         ni wolti sich irkeinnin,
         her niwolti seint Annin sceltin,
20   dû mûste hers mêr intgeltin.   830
         durch sîn hoibit quam ein slag,

46,16 stükkelini O.
47,1 reiht O.   2 tiviulis O; *korr. mit Roth R T M.*   18
   woltt O; *korr. mit Junius R*, woldi *T.*

15 Er sagte, falls er [= Volprecht] es gegenüber irgend
                                         jemand erwähne,
    zerreiße er ihn völlig in kleine Stücke;
    wenn er ihm aber folge,
    so besitze er einen zuverlässigen Freund.
    Mit Drohungen und Versprechungen
20 verführte er da den Törichten,
    so daß er sich auf des Teufels Versprechen verließ.
    Das mußte er später bereuen.

47. Am anderen Tag war er mit Arnold zu Pferde
                                         unterwegs.
    Er war sehr froh über des Teufels Verheißung.
    Unter mancherlei Gesprächen kam er dazu,
    Gott zu leugnen.
 5 Die Heiligen Gottes begann er zu schmähen
    – niemand sollte sich dessen erdreisten –,
    bis der äußerst törichte Mensch schließlich anfing,
    St. Anno zu schmähen.
    Er sagte, er kenne das alles sehr wohl:
10 Alles sei ein schändlicher Betrug;
    Anno habe immer in Sünden gelebt.
    Was werde [denn] er für Wunder tun?
    Diese freche Schmähung
    mußte er alsbald büßen:
15 Auf der Stelle lief ihm
    sein linkes Auge wie Wasser aus.
    Als der Ungläubige
    sich nicht besinnen wollte
    [und fortfuhr], St. Anno zu beschimpfen,
20 da mußte er noch stärker dafür büßen.
    Durch seinen Kopf fuhr ein Schlag,

daz her dir nidiri gelach.
als ein gescôz daz ouge ceswe
spreiz ûz imi verre.
25   dû vîl her nidir an did gras,
her schrei, als imi was.
harti irquâmin si sich des ubiral,
si bedditin ci gote in crûcestal.

48.   Arnolt hîs drâdi ren*n*in,
paffen imi dari gewinnin.   840
sô vûrtin si in ceinir kirichin.
si lêrtin un sîni pigihti tûn,
5   vnzi dû der sêregi man
sent Annin anedingin bigan.
her bat sînir genâdin,
daz her den gesunt imi virgâbi.
michil wunter sâgin
10   alli, dî dû dâ wârin:
in den îtilin ougistirnin
wûhsin niuwe ougin widere,   850
daz her sân ci stundin woli gesach.
sô scône ist diu godis craft.

49.   Von altin êwin ist daz kunt,
wî sich wîlin ûf tedde der merigrunt,
dû Moyses das liut Israêl
mit trukkenim wegge leite ubir sê
5   ci demi allir bezzistin lante
(des die gûtin ouch sulin waltin):

47,25 andid O.   28 cruce stal O.
48,1 rennnin (!) O; korr. mit Roth R T M.   3 vürhtin O.

so daß er am Boden lag.
Wie ein Geschoß spritzte sein rechtes Auge
weit aus ihm heraus.
25 Da fiel er ins Gras nieder
und schrie, entsprechend seinen Schmerzen.
Heftig erschraken sie überall darüber.
Mit ausgebreiteten Armen beteten sie zu Gott.

48. Arnold befahl, rasch zu reiten
und Kleriker für ihn herbeizuschaffen.
Dann führten sie ihn zu einer Kirche.
Sie ermahnten ihn, seine Sünden zu bekennen.
5 Schließlich fing der Verletzte an,
seine Hoffnung auf St. Anno zu richten.
Er bat ihn um seinen Beistand
[und bat], er möge ihn gesund machen.
Ein großes Wunder sahen
10 alle, die damals zugegen waren:
In den leeren Augenhöhlen
wuchsen wieder neue Augen,
so daß er alsbald völlig sehend war.
So herrlich ist die Macht Gottes!

49. Aus den Büchern des Alten Testaments ist bekannt,
wie sich vor Zeiten der Meeresgrund auftat,
als Moses das Volk Israel
auf trockenem Weg übers Meer führte
5 in das allerbeste Land,
das die Frommen ebenfalls besitzen werden:

dâ die becche miliche vluzzin,
diz sůze honig dar inzuschin;   860
diz olei ûz eime steine sprunge,
10   sân dir bî der sůze brunne;
diz brôt vane himele reginete,
allis gůdis si seide habiten.
mit wuntirlîchin ceichinin
êrete got Moysen, den heiligin,
15   vnz ein sîn selbis suster
bigondimi sprecchin laster.
ô wî starche si dî misilsuht bistûnt,
vnz iri gewegete der brůder gůt!   870
alsô gewegete seint Anno disim man,
20   daz her sîni gesunt gewan,
ci diu daz wir virstûntin
des rîchin godis gůte,
wî her sô lônit unti ricchit,
suaz man sînin holtin spricchit,
25   der sô sůze leidit albihanten
ci demi scônin paradysi lante.

49,13 wüntirlichin O.

wo die Milch in Bächen floß,
dazwischen der süße Honig;
[wo] das Öl aus einem Felsen entsprang,
10 und dicht dabei der Quell mit süßem Wasser;
[wo] das Brot vom Himmel regnete
und sie die Fülle alles Guten hatten.
Mit wunderbaren Zeichen
ehrte Gott Moses, den Heiligen,
15 bis eine seiner Schwestern
Schlechtes über ihn zu reden begann.
Wie heftig überfiel sie [da] der Aussatz,
bis ihr der gute Bruder half!
Ebenso half St. Anno diesem Mann,
20 daß er seine Gesundheit wiedererlangte:
auf daß wir verstünden
Gottes Macht und Güte,
der alles kräftig belohnt und bestraft,
was man über seine treuen Diener sagt,
25 die er so freundlich, ohne Verzug,
in das herrliche Paradies geleitet.

Zum Text

Ausgangspunkt für den mittelhochdeutschen Text ist die Edition von Bulst (1946), die einen diplomatischen Abdruck der Ausgabe von Opitz (1639) bietet. Da handschriftliche Textzeugen fehlen, da zudem die Sprache des überlieferten Textes nicht einheitlich ist, steht jeder Versuch einer Rekonstruktion des Originals vor den größten Schwierigkeiten. Ich habe mich deshalb für eine äußerst konservative Behandlung des überlieferten Textes entschieden – im Gegensatz zu den bisher maßgebenden „Annolied"-Editionen von Roediger, Tschirch und Maurer. Konjekturen wurden auf ein Mindestmaß beschränkt und in jedem Fall durch Kursivdruck kenntlich gemacht. Auf eine Besserung der überlieferten Reime, die bei Texten aus dieser Zeit grundsätzlich problematisch ist, habe ich verzichtet. Auch die Schreibung der Opitz-Ausgabe wurde weitgehend übernommen.

Trotz dieser konservativen Grundhaltung unterscheidet sich der vorliegende Text in vielem von Bulsts diplomatischem Abdruck, der dem ungeschulten Leser größte Schwierigkeiten bereitet. Folgende Leseerleichterungen habe ich durchgeführt:

1. moderne Interpunktion;
2. arabische Abschnittszählung anstelle der römischen (die Zahlen rechts am Rand des Textes beziehen sich auf Roedigers Ausgabe);
3. Kleinschreibung mit Ausnahme von Namen und Abschnittsinitialen;
4. s-Schreibung anstelle von ſ;
5. vorsichtige Normalisierung der Zusammen- und Getrenntschreibung.

Textprobe aus Opitz' Druck von 1639 (S. 1).

RHYTHMVS DE S. ANNONE
COLONIENSI ARCHIEPISCOPO.

I.

VV Ir horten ie dikke *ſingen Von alten
dingen, Wi ſnelle helide vuhten, Wi
ſi veſte burge brechen, Wi ſich liebin vuini-
ſcefte ſchieden, Wi riche Künige al zegien-
gen. Nu iſt ciht daz wir dencken Wi wir ſel-
ve ſülin enden. Criſt der vnſer héro güt Wi
manige ceichen her vns vure düt, Alſer uſſin
Stgeberg havit gedan Durch den diurlichen
man Den heiligen biſchof Annen Durch den
ſinin willen, Dabi wir uns ſülin bewarin
Wante wir noch ſülin varin Von diſime ellen-
din libe hin cin ewin Da wir imer ſülin ſin.*

Wir horten] Auctor recens Commentarioli in Al-
phabetum Gothicum, à Bonau. Vulcanio editus, ini-
tium huius Rythmi cum ſe producere aſſerat, omiſſo
hoc exordio ſequentes tantum tres paragraphos ex-
hibet. Iſtud itaque à codice illius abfuit.

dikke] ſæpè. Retinuerunt Belgæ.

helide] Helden. *Cheld,* ſiue aſpiratione duplicata
Hheld, idem fuiſſe veteribus quod nobis *Held,* aſſerere
conatur is cui hæ literæ ac Germanum nomen omne
haud parum debent, Melch. Goldaſtus olim noſter.
Quamuis credi poſſit, quod à Græcis κέλητι, ſeu per
ſyncopen κέλται dicti fuerint, quaſi deſultores, ob
equitandi peritiam. Sed repugnant hæc Cæſaris verba
initio lib. I. de bello Gallico : *Gallia eſt omnis diuiſa in
partes tres, quarum vnam incolunt Belgæ ; aliam Aquita-
ni; tertiam qui ipſorum lingua Celtæ, noſtra Galli ap-
pellantur.*

A   *buten*]

In den folgenden Punkten habe ich stärker in die Über-
lieferung eingegriffen:

6. Kennzeichnung der Vokallänge. – Dieser Punkt wird
   nicht überall Zustimmung finden, zumal die Kennzeich-
   nung nicht ganz konsequent gehandhabt werden konnte
   (wo der Vokal bei Opitz einen Akzent trägt – z. B.
   é 3,17 –, wird auf ein zusätzliches Zeichen verzichtet).
   Erfahrungen in Seminaren haben aber gezeigt, daß der
   Anfänger bei den Vokalquantitäten des „Annoliedes"
   unbedingt einer Hilfe bedarf. Ich versuche diese Hilfe
   zu geben, auch wenn die Quantitätsangaben sicher nicht
   in allen Fällen der damaligen Sprachwirklichkeit ent-
   sprechen. – In einigen wenigen Fällen (langes *y*, langes *v*
   [= *u*]) mußte die Kennzeichnung aus satztechnischen
   Gründen unterbleiben.
7. Offenkundige Fehler des Opitzschen Drucks (bzw. der
   Hs.) sind korrigiert; die Korrekturen sind *kursiv* ge-
   setzt.
8. Die Opitzschen *ü* (die vermutlich ein *ů* der Hs. wieder-
   geben) werden – nach dem Beispiel von Tschirch und
   Maurer – wie folgt aufgelöst: Wo *ü* für normalmhd.
   uo oder *üe* steht, schreibe ich *ů*; wo es für normalmhd.
   u, *ü* oder *o* steht, schreibe ich *u*.
9. Wo *ht* bzw. *hd* für mhd. *t* (germanisch *d*) steht, schreibe
   ich *t* bzw. *d*.

Bei den unter Nr. 5 und 7–9 genannten Eingriffen wird
die Opitzsche Schreibung im textkritischen Apparat mit-
geteilt; Ausnahme: *ů* statt *ü*.

Der *textkritische Apparat* mußte – mit Rücksicht auf den
Charakter der Reihe – knapp gehalten werden. Varianten
aus Opitz' Anmerkungen (= O*Anm.*) werden nur dann er-
wähnt, wenn sie in den Text Aufnahme fanden. Auf
Textbesserungen anderer verweise ich nur dort, wo ich
selbst in den Text eingreife. In der Hauptsache stütze ich

mich dabei auf *R*(oediger), *T*(schirch) und *M*(aurer). Neben diesen drei Forschern werden die Namen derjenigen genannt, die als erste die Besserung vorschlugen. Für alle weiteren Informationen sei auf die reichhaltigen textkritischen Apparate bei Roediger und Maurer nachdrücklich hingewiesen.

Vom Abdruck des Vulcanius (= *V*) verzeichne ich im Apparat nur inhaltliche und flexivische Varianten sowie Fehler; Lautvarianten sind nicht berücksichtigt. Ein vollständiger Textabdruck findet sich auf S. 121–123. Nähere Angaben zu Opitz und Vulcanius bringt das Nachwort S. 182 f.

Die *Schreibung* des Textes zeigt eine Reihe von (großenteils mitteldeutschen, z. T. speziell ripuarischen) Eigenheiten. Einige häufiger wiederkehrende Schreibungen stelle ich im folgenden – jeweils mit einigen Textbeispielen – zusammen:

a) Vokalismus der Stammsilben

e   statt mhd. ae: *spehin* 2,4 . *were* 3,19 . *genedig* 36,15

ei   statt mhd. ẹ: *eilf* 6,7 . *einde* 14,5 . *beizzirimo* 33,3

ei   statt mhd. ê: *leirti* 9,1 . *steit* 10,14 . *heirro* 29,7

i   statt mhd. ê (aus -ehe-): *sin* 27,11 . *cin* (= *zehen*) 16,9

i   statt mhd. ie: *liht* 2,2 . *hiz* 8,5 . *vingen* 21,25

u   statt mhd. uo: *vur* 4,9 . *slug* 20,13 . *stul* 43,8

Außerdem häufig *diz, dir* statt *daz, dar*; *dir, is* statt *der, es*; *un* statt *in* (Akk. Sing. Mask.; Dat. Pl.)

b) Konsonantismus

p-   statt mhd. pf-:   *plegint* 11,10 . *plag* 37,2 . *paffen* 48,2

ph   statt mhd. f(f):   *crapht* 8,4 . *gescaphin* 2,16 . *gescuph* 2,4

-v-   statt mhd. -b-:   *selve* 1,8 . *scrivin* 18,1 . *havin* 18,8

-f   statt mhd. -p: *gaf* 5,3 . *wif* 10,1 . *half* 14,19

d   statt mhd. t: *deil* 2,6 . *gedan* 1,11 . *hiude* 18,10
-dd- statt mhd. -t-:   *siddi* 21,17 . *gebeddis* 41,10
-g   statt mhd. -ch: *oug* 30,3 . *dig* 43,6
-rt- statt mhd. -rht-:   *worti* 10,16 . *pertir* 7,9

Außerdem häufig *dad* bzw. *did* statt *daz*.

Weitere Bemerkungen zur Schreibung und zu Fragen der
Lautung finden sich im Kommentar, doch mußten diese
Bemerkungen knapp gehalten werden. Der sprachlich In-
teressierte sei auf Gigglbergers ausführliche Darstellung
verwiesen.

Zur Übersetzung

Die hier vorgelegte Prosaübersetzung bildet eine notwendige
Ergänzung der Edition des Textes. Die nicht normalisierte
– und kaum normalisierbare – Orthographie, in der uns
Opitz' Abdruck das *Annolied* überliefert hat, stellt auch für
den im Umgang mit mittelhochdeutschen Dichtungen ge-
übteren Leser ein beträchtliches Hindernis dar. Ohne hel-
fende Übersetzung wird der Text in Zukunft nur schwer die
Beachtung finden können, die er – als Dichtung von Rang
und als wertvolles Zeugnis mittelalterlichen Geschichtsden-
kens – verdient.
Der vorliegende Versuch will keine literarischen Ansprüche
erfüllen. Ich habe darauf verzichtet, die stellenweise sehr
schlichte Ausdrucksweise des Autors zu ,verbessern', habe
mich außerdem bemüht, Syntax und Versabteilung nach
Möglichkeit zu bewahren. Wo Wortergänzungen vom heu-
tigen Sprachgebrauch aus notwendig schienen, sind diese
Ergänzungen jeweils durch eckige Klammern bezeichnet.

Kommentar

Vorbemerkung. Aufgabe der folgenden Seiten ist es, Text und Übersetzung, soweit nötig, zu rechtfertigen und Material zur Interpretation bereitzustellen. Besonderes Gewicht wurde auf die Nachweise von Quellen und Parallelen aus der antiken und mittelalterlichen Literatur gelegt. Dankbar benutzt habe ich hierbei vor allem die Abhandlung von Wilmanns (1886) und die Anmerkungen Roedigers zu seiner Ausgabe (1895). Nach Kräften war ich bemüht, die Nachweise zu vermehren. Eigene und fremde Beiträge sind hierbei nicht immer besonders gekennzeichnet. Für viele Benutzer wäre diese Information unerheblich; der Spezialist wird ohnehin sehen, wo ich meinen Vorgängern verpflichtet bin (eine Zusammenfassung des bis etwa 1950 bekannten Materials gibt Gigglberger S. 235–237 und S. 263–297). Ausdrücklich sei gesagt, daß die meisten Nachweise keine *direkte* Abhängigkeit des AL-Dichters behaupten wollen. In der Regel sollen sie nur belegen, daß der jeweilige Gedanke auch bei anderen Autoren zu finden ist. Wo ich quellenmäßige Abhängigkeit vermute, teile ich das deutlich mit.

Zum Titel: Der lateinische Titel erscheint fast gleichlautend
auf dem Deckblatt der Breslauer Williram-Hs. (B), die
vermutlich früher mit Opitz' AL-Hs. vereinigt war: *Rich-
mus* [!] *de sancto Annone theutonice compositus*
(Zarncke S. 283). Auch in der Hs. des Vulcanius dürfte
im Titel der Terminus *Rhythmus* gestanden haben. *Rhyth-
mus* ist eine Bezeichnung für mittellateinische (später auch
deutsche) Dichtungen, deren Verse *rhythmice* (d. h. akzen-
tuierend) gebaut und meist gereimt sind – im Gegensatz
zu *metrice* (d. h. quantitierend) gebauten Dichtungen. Vgl.
W. Mohr: Artikel ‚Rhythmus‘ in: „Reallexikon der deut-
schen Literaturgeschichte“. Hrsg. von W. Kohlschmidt u.
W. Mohr. Bd. 3 (Lieferung 5, 1971). S. 475.
Zur Abschnittszählung: In Opitz' Ausgabe stehen die Ab-
schnittszahlen jeweils *über* dem Abschnitt, und zwar in römi-
schen Ziffern. Weiteres hierzu s. Nachwort S. 180. – Die
Zahlen rechts am Rand der Abschnitte beziehen sich auf die
Ausgabe von Roediger (1895).

 1 Das Schema der Kontrastierung von weltlicher (V. 1–6)
   und christlicher Thematik (V. 7 ff.) gehört zu den To-
   poi des Legendenprologs seit der Martinsvita des Sul-
   picius Severus (5. Jh.). Neu und höchst aufschlußreich
   ist im AL die Bezugnahme auf *mündlich* existierende
   Dichtung, die gesungen wird (V. 1). Das ist offenbar ein
   Hinweis auf die (verlorene) mhd. Heldendichtung des
   10. und 11. Jh.s. Wir wissen von dieser Literatur sonst
   nur aus zufälligen Mitteilungen in lateinischen Chro-
   niken, Annalen und Briefen. Auch dort ist als Vor-
   tragsart (neben anderem) der Gesang bezeugt: *carmen,
   cantilena, canere* usw.; Stoffe waren u. a. die Nibelun-
   gen- und die Dietrichsage. Z. B. rügt der Bamberger
   Scholaster Meinhard seinen Bischof Gunther, weil die-
   ser, statt den Augustinus oder Gregor zu studieren,
   sich immer mit Attila und den Amelungen beschäftige
   (1061). Um 1130 besingt ein sächsischer Sänger vor
   dem Dänenherzog Knut *notissimam Grimildae erga frat-
   res perfidiam* – ein *carmen speciosissimum* (Saxo Gram-
   maticus). Über die Form dieser Heldenlieder wissen
   wir nichts; vom Hildebrandslied unterschieden sie sich

gewiß durch das Fehlen des Stabreims. Man vermutet
eine Art Balladendichtung (Stammler).

Bemerkenswert (und oft verkannt) ist der unpolemi-
sche Ton, in dem der AL-Autor von weltlicher Dich-
tung spricht – im Gegensatz etwa zu Otfried (um 870),
zu Meinhard von Bamberg (s. o.) und zum Autor des
mhd. „Himmlischen Jerusalem" (um 1130–1150; V. 449
bis 454). Hier zeichnet sich bereits eine spezielle Einstel-
lung des Autors zur ,Welt' ab, die dann in Abschnitt 2
theoretisch untermauert und in Abschnitt 8 bis 30 kon-
kretisiert wird.

Umfassendste Sammlung der Zeugnisse zu Heldensage
und -dichtung bei W. Grimm: „Die deutsche Helden-
sage". 4. Aufl. (unter Hinzufügung der Nachträge von
Müllenhoff und Jänicke) 1957 [1. Aufl. 1829; eine Neu-
bearbeitung wäre dringend erforderlich]. Neuere Ge-
sichtspunkte u. a. bei Stammler (1947), Ploss (1959)
und H. Fromm (Neuphil. Mitt. 62 [1961] S. 94 ff.).

3 *vuhten:* Konj. Prät. zu *vehten,* das md. gewöhnlich
   nach der 3. Ablautreihe flektiert. Zum Modus im Glied-
   satz nach *wie* s. Schröbler § 368. Auch die folgenden
   Verben stehen im Konj. (*brêchen*!), was fast alle Hrsgg.
   verkennen (s. aber Maurer).

4 *burge:* Auch die Übersetzung ,Burg' ist möglich.

7 *ciht* (Opitz): *ht*-Schreibung für mhd. *t* begegnet im
   AL häufig nach Langvokal, Diphthong oder in der
   Verbindung -*rt.* Vermutlich handelt es sich um „ver-
   setzte Schreibungen" für *th* (Kettner [1878] S. 311;
   Einwände bei Gigglberger S. 98 f.). Ich schreibe in allen
   Fällen einfaches *t.*

9 *héro:* Akzente auf *e* begegnen in Opitz' Druck häufiger
   (gelegentlich auch bei *a, o, u*). In der vorliegenden Aus-
   gabe werden die Akzente beibehalten. Auf Längezeichen
   wird in diesen Fällen verzichtet.

10 *vns vure:* Zur Nachstellung der Präp. s. Behaghel:
   „Deutsche Syntax" IV. S. 237 f.

11 *ûffin = ûffe dem. – Sigeberg:* urspr. Name des Berges, auf
   dem das von Anno gegründete Kloster steht; von Anno
   Michaelsberg genannt.

12 Vgl. 34,1.

13 Anno wird – obwohl noch nicht heiliggesprochen – in unserm Text durchweg als Heiliger aufgefaßt (vgl. *sent Anno* 6,11. 7,12. 33,10.14. 38,11. 40,21. 42,16. 43,3. 47,8.19. 48,6. 49,19). Beweis für die Heiligkeit sind die Wunder, die Anno wirkt (vgl. außer 1,10 ff. noch 6,10 f. 45,14. 47/48).

14 Zur Übersetzung s. Mhd. Wb. I, S. 404 b; III, S. 662 b. Wieso der Gedanke „sehr matt" sein soll (Roediger), verstehe ich nicht. Gott wirkt Wunder *durch* Anno (V. 12, vgl. Röm. 15,18 f.) und Anno zuliebe. Zur Diskussion der Stelle zuletzt Fritschi S. 77 f. (unbefriedigend).

15 Wörtlich: ‚dabei sollen wir für uns sorgen'. – Die Verse 15–18 erscheinen fast gleichlautend auch im Prolog der mhd. „Cantilena de Conversione Sti. Pauli" (alemannisch? um 1150?):

⟨wie⟩ wir uns sulin biwarin,
wande w⟨ir alle muo⟩zin varin
von disimo libe in ei⟨...
da wir⟩ iemir sulin sin.

(Maurer I, S. 265. Ergänzungen von Martin, ohne Erwähnung des AL).

Es läßt sich nicht sicher sagen, ob die (sehr zerstörten) Verse auf das AL zurückgehen. Wenn ja, wären sie ein Zeugnis für die Nachwirkung des AL auch im alemannischen Raum. Zu bedenken ist, daß Reime und Gedanken formelhaft sind; z. T. kommen sie auch im alemann. „Memento mori" (Ende 11. Jh.) vor.

2 Der Abschnitt entwickelt ein Weltbild, das im Gegensatz zur Schöpfungslehre Augustins steht. Der Mensch wird als ‚tertius mundus', als Verbindung von Geistwelt und Körperwelt dargestellt. Er enthält – entsprechend dem griechischen Mikrokosmosgedanken (Plato, Aristoteles; griech. Kirchenväter) – alle Schöpfung in sich. Vermittler dieser Theorie in der speziellen Fassung des AL ist – wie Haas (1966) gezeigt hat – Johannes Scotus Eriugena, 9. Jh. (Homilie zum Prolog des Johannesevangeliums). Nur bei diesem Autor

wird (soweit wir bisher wissen) die Schöpfungsordnung im Bild *dreier* Welten erfaßt: *Tres tamen mundos debemus intelligere.* [...] *Tertius mundus ... in homine solo intelligitur* [...] (Migne PL 122, 294 AB).

2 Vgl. Joh. 1,1 *In principio erat verbum* und Joh. 1,4 *in ipso vita erat, et vita erat lux* ... Die Lesart von Vulcanius *(ward)* ist wohl Schreiberkorrektur mit Rücksicht auf Gen. 1,3 *(facta est lux).*

7 *geistîn* (mhd. nur hier belegt) soll lat. *invisibilis (incorporalis)* wiedergeben.

7 a–c Ob die Verse zum ursprünglichen Text gehören, kann nicht geklärt werden. Opitz' Hs. war auf jeden Fall unvollständig, da eine Reimzeile fehlt. Die meisten Hrsgg. trauen dem Autor die Dublette von Vers 7c nicht zu und glauben an eigenmächtige Ausfüllung der Lücke durch den Schreiber der Hs. des Vulcanius.

8 Zu *dei* statt *diu* s. Weinhold § 482 (S. 529).

11 Vgl. Ps. 8,6 *(paulo minus ab angelis).*

12 Vgl. Johannes Scotus: *omnis* [...] *creatura in ipso velut in officina quadam conflatur* (PL 122,294 B).

13 Ungenaue Ausdrucksweise: die Homilie zum Prolog des Johannesevangeliums dürfte gemeint sein.

15 Zu den Griechen s. oben Einleitung zu 2.

16 Bezieht sich wohl auf Vers 11. In der Vulcanius-Hs. beginnt mit dieser Zeile der nächste Abschnitt.

3 Einzelheiten des Folgenden finden sich ähnlich in der Bibel (Hiob, Psalmen, Baruch) und vor allem bei Boethius (Consol. phil. 1,5. 4,6). Für das Ganze ist keine Vorlage bekannt (vgl. Wilmanns S. 11 f.).

3 *sigis* = mhd. *sich es.*

5 Mask. *der sunne* ist mhd. häufig.

8 Die Planeten gelten der mittelalterlichen Astrologie u. a. als Verursacher von Kälte und Hitze.

19 Die Verbalform im Singular, bezogen auf einen Plural, zeigt die beginnende Erstarrung zur Partikel: mhd. *newaere*> nhd. *nur* (Schröbler § 340 A. 1).

20 Gemeint sind offenbar Luzifer und Adam (3,1 f.).

4 Der Abschnitt wird von sehr geläufigen mittelalterlichen Vorstellungen bestimmt: a) Gliederung des Geschichtsverlaufs in Weltalter *(aetates mundi)*. Diese Periodisierung, schon in der Antike vorgeprägt, wird vor allem von Augustin ausgebaut. Bis zum Erscheinen Christi zählt man in der Regel fünf *aetates* (von Adam bis Noah; bis Abraham; bis David; bis zur Zerstörung des Tempels; bis zur Ankunft Christi). – b) Für die Anschauungen von der Höllenfahrt Christi ist vor allem das Evangelium Nicodemi wichtig (cap. 21 f.): Jesus zerbricht die ehernen Pforten der Hölle; die Toten werden ihrer Fesseln ledig, Satan wird von den Engeln mit Ketten gebunden.

Zum Schema der ‚aetates mundi' grundlegend: R. Schmidt in: „Zs. für Kirchengeschichte" 67 (1956) S. 288 ff.

4 *werlt* (aus *wer-alt*, ‚Mannesalter') hat mhd. auch die Bedeutung ‚Zeitalter, Weltalter'.

12 Vgl. Gal. 5,13 und Hebr. 2,14.

5 Dargestellt wird der Sieg über die Heiden durch Missionierung unter dem Banner des Kreuzes. Auf das Missionsgebot Christi (5,2) folgt eine (unvollständige) Aufzählung der Apostel und ihrer Wirkungsstätten. Die Einzelheiten finden sich z. T. schon in der Apostelgeschichte; größtenteils aber entstammen sie frühchristlichen Traditionen und Legenden.

1 Unter dem ‚vexillum crucis' verstand man ursprünglich keine Fahne, sondern nur das Kreuz selbst, im Gegensatz zur (heidnischen) Fahne. Erst gegen Ende des ersten Jahrtausends gibt die abendländische Kirche ihre Abneigung gegen Fahnen auf. Vgl. C. Erdmann: „Die Entstehung des Kreuzzugsgedankens". 1935. S. 30 ff.

2 *zueilf: ei*-Schreibung für Umlaut-*e* (meist vor Nasal oder Liquid) ist im AL häufig und im Mhd. auch sonst belegt. Es handelt sich wohl nur um graphische Bezeichnung des Umlauts (Gigglberger S. 50 f.).

3 f. bezieht sich vielleicht auf das Pfingstwunder.

5 Vgl. 32,1 f.

7 Zu der (mhd. seltenen) Ersparung des Verbs s. Schröbler § 379,4. Die meisten Hrsgg. ergänzen *starf.*

10 Simon (Zelotes) und Judas Thaddäus gelten nach der Legende als Brüder.

11 f. Jakobus d. Ä. erlitt im Jahre 44 unter Herodes Agrippa I. das Martyrium. Nach der Legende soll sein Leichnam von Jüngern nach Spanien gebracht und dort im 9. Jh. wieder aufgefunden worden sein. Sein Grab zu Compostela (im span. Galicien) wurde seit dem späten 11. Jh. eine der berühmtesten Wallfahrtsstätten des Abendlands.

12 *bistén:* entweder Nebenform des Part. Prät. (vgl. *bestân* im Nibelungenlied) oder abgeschliffenes Part. Präs. (vgl. *slâfin* AL 36,1).

15 f. Nach der Legende fand man in Johannes' Grab unmittelbar nach seinem Tode anstatt des Leichnams himmlisches Manna. Nach dem AL dagegen ‚wächst' das *himilbrôt* aus dem Grab (ähnlich auch in einer mhd. Predigt des 12. Jh.s: *dâ sach man daz himilbrôt daz es ûz dem grabe gie, daz vindet man noch dâ*; Schönbach, „Altdeutsche Predigten", Bd. 2, 1888, S. 21). Vielleicht verbindet der Autor mit dem *himilbrôt* die Vorstellung vom Johannisbrotbaum (Ceratonia siliqua); von seinen Früchten soll sich Johannes der Täufer ernährt haben.

18 Präteritio (*wîtin* = lange) ist vom Modus her unwahrscheinlich.

6 Die heilsgeschichtliche Perspektive konzentriert sich nun – in Fortführung der Gedanken von Abschnitt 5 – auf die Stadt Köln, genauer: auf die Heiligen, die in Köln bis zu Annos Zeit wirkten.

1 Zur Herkunft der Franken aus Troja s. unten zu Abschnitt 22.

5 *dir:* schwachbetonte Nebenform von mhd. *dar* (also nicht = *tibi*); häufig nach Rel.pron., dann ohne lokale Bedeutung (Schröbler § 281).

6 Mauritius war nach der Legende (5. Jh.) Anführer der sog. Thebäischen Legion, einer nur aus Christen beste-

henden Abteilung römischer Legionäre; sie soll um 300
in Agaunum (Rhone) – auf Befehl Kaiser Maximinians –
das Martyrium erlitten haben. Nach späterer Tradition
war u. a. auch Köln Ort des Martyriums einzelner
Thebäer: Der hl. Gereon soll dort mit 318 Mann ent-
hauptet worden sein. Als erster nennt Gregor von Tours
um 580 die Kirche *ad sanctos aureos* (heute St. Gereon)
als Begräbnisort der Blutzeugen. – Unter Anno wurde
dem Zentralbau von St. Gereon der (erhaltene) Lang-
chor mit Krypta hinzugefügt.

7 f. Nach der Legende (10. Jh.) soll Ursula, bretonische
Königstochter, mit 10 (später: 11 000) Gefährtinnen um
450 vor den Toren Kölns von den Hunnen umge-
bracht worden sein. Erste Zeugnisse einer Ursula-Ver-
ehrung im 8. Jh.; reiche Ausschmückung der Legende
seit dem 11. Jh. Die Auffindung zahlreicher Gebeine
seit 1106 (die Kirche St. Ursula steht auf einem römi-
schen Gräberfeld) war die Grundlage für eine weite
Verbreitung des Kultes im ganzen Abendland.

9 Zu den heiligen Bischöfen s. unten zu 33,11.

7 Der Abschnitt ist geprägt vom Parallelismus zwischen
Anno und der Stadt Köln: beide ergänzen und steigern
sich wechselseitig (ausführlich dazu Eggers [1955]). Im
folgenden Teil des AL (8–33) ist die *Stadt* ein zen-
trales Thema.

2 Früher Beleg für *stat* = Stadt (im AL sonst *burc* ge-
nannt); ebenso 7,7 und 7,10. Gegen E. Schröders Ver-
such, die Stellen einem Interpolator zuzuschreiben,
überzeugend Eggers (1955).

4 Das AL bietet die ältesten Belege für ,deutsches Land‘
(s. noch 18,12 und 24,8). *diutisc*, das bisher in erster
Linie die Sprache bezeichnete, meint nun eindeutig
auch die Träger der Sprache (s. noch *diutischi liuti*
28,12, *diutschi man* 28,17). Vgl. die Aufsatzsammlung
von H. Eggers (Hrsg.): „Der Volksname Deutsch“.
1970. – In lateinischen Quellen Deutschlands taucht un-
gefähr zur gleichen Zeit (seit 1075) erstmalig der Ter-
minus ,regnum Teutonicum‘ auf; s. E. Müller-Mertens:

„Regnum Teutonicum". 1970. S. 87 ff. (dort auch zum Sprachgebrauch Lamperts und der „Vita Annonis"). Möglicherweise bestehen hier Zusammenhänge.

5 *rihtêre:* Im Mhd. geläufige Bezeichnung für den Herrscher (z. B. Kaiser, König), zu dessen wichtigsten Aufgaben die Rechtsprechung gehört. Auch die deutschen Reichsbischöfe besaßen zu Annos Zeit schon seit längerem die volle Gerichtsbarkeit; Anno war überdies Stadtherr von Köln.

8 *hêrdûm:* auch personale Übersetzung (,Herrscher') ist möglich.

9 *pertir:* Komparativ zum Adj. *berht* (*h*-Schwund in *rht*-Verbindung auch sonst im AL). Das Wort ist im klassischen Mhd. nicht mehr belegt; heute noch in Namen (Berchtesgaden).

11 Gemeint ist: eine der *hêristin burge* der Welt.

8/9 Die Abschnitte handeln von der Gründung der „ältesten" Stadt und des „ältesten" Weltreichs. Ninus, der sagenhafte Begründer des assyrischen Reichs, galt der Antike als erster Eroberer. Er wird zuerst in Ktesias' romanhaftem Werk „Persika" (4. Jh. v. Chr.) erwähnt. Die Mitteilungen des AL entsprechen z. T. (8,5 f.; 8,13–17; 9,7 f.) dem, was der Historiker Justinus (3. Jh.) berichtet (so schon Opitz; Zitate bei Wilmanns S. 13). Da Augustin (De civ. Dei IV,6) die Justinus-Passage wörtlich zitiert, kann der AL-Dichter m. E. seine Kenntnis ebensogut aus Augustin geschöpft haben; auch Spätere zitieren Justinus. Ebenfalls bei Augustin (De civ. Dei XVI,3) findet sich die Meinung, Ninus sei der Gründer Ninives (AL 9,9; 9,13; fehlt bei Justinus). – Die Maße der Stadt sind z. T. in der Bibel bezeugt: *et Ninive erat civitas magna itinere trium dierum, et coepit Jonas introire in civitatem itinere diei unius* (Jon. 3,3 f.; vom AL-Autor wohl mißverstanden).

8,1 Der inhaltliche Einschnitt wird (wie in 34,1) durch eine Zuhöreranrede gekennzeichnet.

2 *burge* kann auch Gen. Pl. sein.

6 *dê dir* = mhd. *der dar* (*dê* md.).

8 Zur Einschaltung ganzer Sätze ohne Änderung der Konstruktion des umgebenden Satzes s. Schröbler § 382.

9 mhd. *halsberc* oder *halsberge*: Teil der Rüstung, der mit dem Hals zugleich den Oberkörper deckt. *brünne* (Nebenform: *brünje, brunige*): Panzer zum Schutz der Brust, aus miteinander verflochtenen Metallringen. *brunievn* (Opitz) ist wohl Schreiberversehen; vgl. 20,4.

10 *sic:* Von allen Hrsgg. in *sich* verbessert – wohl nicht zu Recht, da mehrfach *sig* bzw. *dig* überliefert ist (3,3; 41,15; 43,6). – Das überlieferte *ciih* konnte bisher nicht befriedigend erklärt werden. Ich vermute falsche Lesung durch Opitz (*-ih* statt des graphisch ähnlichen *-m*). Vgl. auch Anm. zu 19,10 und 27,2.

9,4 Zur Parenthese s. oben zu 8,8.

10 mhd. *tageweide:* urspr. wohl von Wanderzügen mit Vieh (so weit Vieh an einem Tag weiden kann).

14 Zu Jonas' Aufenthalt im Walfischbauch s. Jon. 2,1 bis 11. Warum der Autor Ninive (beim heutigen Mossul) ans Meer verlegt, ist unklar.

10 Eine einheitliche Quelle für diesen Abschnitt scheint nicht vorhanden. Einzelnes bietet die Bibel: Erwähnung von Riesen (lat. *gigantes*) Gen. 6,4; Nimrod als Herrscher Babylons Gen. 10,8–10; Turmbau aus Ziegeln Gen. 11,1–4; Verwirrung der Sprachen durch Gott Gen. 11,5–9. Die spätantike und mittelalterliche Wissenschaft kombiniert und erweitert dieses Material in immer neuen Varianten, wobei sie auch Nachrichten antiker Historiker verwertet (z. B. Herodots berühmte Beschreibung Babylons und seines Turms). Vgl. hierzu das sechsbändige Werk von A. Borst: „Der Turmbau von Babel. Geschichte der Meinungen über Ursprung und Vielfalt der Sprachen und Völker". 1957–63. Die Nachweise bei Wilmanns und Kohlmann (S. 559 f.) sind danach zu ergänzen. In Frage kommen u. a. (für Details, nie aber für das Ganze): Josephus, Antiquitates I,4–6; Justinus I,2; Orosius II,2. II,6,7; Hieronymus,

Jesaias-Kommentar 14,22 f.; Augustin, De civ. Dei XVI,4; Isidor, Etym. VII,6,22. XV,1,4. Wilmanns hält es für möglich, daß der AL-Autor ein mittelalterliches Kompendium benutzt hat (S. 15).

1 Auch über Semiramis berichtet als erster Ktesias (s. oben zu 8/9).

5 *Nimbrot:* diese Namensform u. a. auch bei Isidor, Etym. XV,1,4 *(Nembroth gigans).*

7 *uortin* (Opitz) kann sowohl mhd. *worten* als auch *vorhten* meinen. Wegen der Parallele 29,9 f. ziehe ich *vortin* (= mhd. *vorhten*) vor.

13 Die Zahl der Sprachen entnahmen die Kirchenväter der ‚Völkertafel' (Gen. 10), die zwischen den Bericht von der Sintflut und vom Turmbau eingeschaltet ist. Freilich hat Noah nach der Fassung der Septuaginta und der Vulgata 72 Nachkommen. Diese Zahl ist auch in der Überlieferung des MA.s am meisten verbreitet; auch die mhd. Texte legen sie zugrunde. Nur die jüdische Überlieferung spricht von 70 Nachkommen Noahs. Wieso der Autor hier der jüdischen Tradition folgt (sie begegnet an einer Stelle auch bei Hrabanus Maurus, s. Borst II,1, S. 516), ist nicht klar.

19 Von dem Tempelturm des Mardukheiligtums in Babylon sind bekanntlich noch heute Reste vorhanden.

20 *lâfterin: lâfter,* md. Nebenform zu *klâfter,* Maß der ausgebreiteten Arme.

22 Gemeint sind wohl die Assyrerkönige (Orosius II,2 *reges . . . claros).*

24 Die Chaldäer sind (seit 626 v. Chr.) die Nachfolger der Assyrer; wichtigster Herrscher: Nebukadnezar.

26 Die Zerstörung Jerusalems unter Nebukadnezar (587) wird u. a. 2. Kön. (= 4. Reg.) 25,8–10 berichtet.

11–17 Die Abschnitte bringen eine geraffte Übersicht über die Weltgeschichte bis hin zum Römischen Reich (16) und weiter bis zum Weltende (17). Die Hauptquellen sind das alttestamentliche Buch *Daniel,* geschrieben wohl um 165 v. Chr.; ferner (höchstwahrscheinlich) der Kommentar des *Hieronymus* zu diesem Buch („Com-

mentariorum in Danielem libri III"), abgefaßt um 407.
Im 7. Kapitel des Danielbuchs (Text s. „Materialien")
wird berichtet von einem schrecklichen Traum Daniels
z. Z. des letzten Königs von Babylon; der Traum wird
gedeutet als Ankündigung des Untergangs von vier
Großreichen, die nicht näher bezeichnet werden. Für
den Autor war das vierte Großreich das Reich der
Seleukiden. Mit seiner Schrift wollte er den bedrängten
Juden das Ende der Bedrückung verheißen. Jahrhun-
derte später interpretierte Hieronymus (im Gefolge
anderer) den Traum im Sinne der christlichen Endzeit-
erwartung um: Das letzte der Weltreiche ist nun das
Imperium Romanum.
Die Wirksamkeit dieser Interpretation in der Ge-
schichtsschreibung des MA.s wurde lange Zeit über-
schätzt. Die Tradition des Weltreicheschemas bricht im
6. Jh. ab und setzt erst gegen Ende des 11. Jh.s wieder
ein – zu einer Zeit, da am Fortbestand des Römischen
Reichs im mittelalterlichen Imperium kein Zweifel
mehr bestand (s. Abschnitt 28 zur Translatio imperii).
Innerhalb der historischen Literatur ist das AL eines
der frühesten und originellsten Zeugnisse für die neue
Verwendung des Monarchienschemas. – Die Darstellung
des AL ist in der „Kaiserchronik" (V. 526–590) be-
nutzt, allerdings sehr stark verändert (s. „Materia-
lien").
Zur Interpretation der Abschnitte (außer Wilmanns'
genauem Quellenvergleich): Ohly S. 45–51; Nellmann
S. 42–57; Gellinek S. 5–14; Marsch S. 18–41.

11,1 f. Gemeint ist offensichtlich der Untergang des ba-
bylonischen Reichs, der wenige Jahrzehnte nach der
Zerstörung Jerusalems erfolgte.
4–8 Vgl. Dan. 7,2 f.
9–12 Entspricht ungefähr der Deutung der Verse durch
Hieronymus: Die Winde sind die Mächte der Engel,
denen die Weltreiche anvertraut sind *(Quattuor ventos
caeli quattuor arbitror angelicas potestates, quibus
principalia regna commissa sunt* [...] *Mare autem
mundum istum* [...] *significat).*

12 Der Abschnitt ist besonders knapp – vermutlich deshalb, weil schon AL 8–10 vom babylonischen Großreich die Rede war. Die Beschreibung des Tiers folgt Dan. 7,4, wird aber stark verkürzt. Von der Deutung des Hieronymus wird nur die Identifizierung *(regnum Babylonis),* nicht aber die sehr negative Charakterisierung übernommen. 12,5 f. ist ohne Vorlage.

1 *Diz:* Schwachbetonte Nebenform von mhd. *daz;* häufig im AL. Ob Artikel oder Demonstrativpronomen vorliegt, muß jeweils aus dem Kontext entschieden werden.

13 Die Beschreibung des Tiers folgt Dan. 7,5 (verkürzt); hinzugefügt sind (V. 3/4) Züge, die Daniel dem vierten Tier beilegt: *communens et reliqua pedibus suis conculcans* (Dan. 7,7). Die Deutung in Vers 5/6 entspricht Hieronymus: *Bestia secunda* [...] *regnum Persarum fuit.* Hieronymus deutet die *tres ordines* im Maul des Bären als *tria regna: Babyloniorum, Medorum atque Persarum, quae in unum redacta sunt regnum.*

Zu Vers 7–10 vgl. Dan. 5,30 f.: *Eadem nocte interfectus est Baltassar rex Chaldaeus, et Darius Medus successit in regnum* [...]. Dazu der Kommentar des Hieronymus zu Dan. 6,1 f.: *Darius autem, qui Babyloniorum destruxit imperium juvante se et pariter dimicante Cyro propinquo suo* [...].

2 *zeinde:* Zu mhd. *zant* (Pl. *zende);* daneben ahd./mhd. *zan.* – Dreifache Zähne meint wohl: je drei Reihen von Zähnen; ähnlich wird in der „Odyssee" die Skylla beschrieben (Od. 12,91). Der Text der „Vulgata" *(tres ordines in ore eius, et in dentibus eius)* ist nicht klar. Im hebräischen Text scheint von drei *Rippen* zwischen den Zähnen die Rede zu sein.

6 Der Text ist schwer verständlich. Schröder („Kaiserchronik" S. 91) übersetzt ‚sich zusammenschließen', was auf jeden Fall einen guten Sinn gibt (vgl. Hieronymus: *quae in unum redacta sunt regnum).* Die Übersetzung

Roedigers (im Glossar) ‚einander angreifen‘ ist sicher
falsch. Die Hss. der „Kaiserchronik" zeigen, daß deren
Schreiber die Stelle auch nicht verstanden haben.

7 ff. Bezieht sich auf die historische Eroberung Baby-
lons 539 v. Chr. durch Kyros II. Zu Darius (einem
Onkel des Kyros) s. die oben zitierte Danielstelle.

8 *chaldêischi hûs:* ähnlich 25,16 *rômischiu hûs* (ebenfalls
im Reim auf *-us*).

14/15 Die Beschreibung des Tiers entspricht Dan. 7,6 (ver-
kürzt). Hieronymus deutet das Tier als *regnum Mace-
donum*; die vier Flügel als die Schnelligkeit Alexan-
ders, der siegreich bis zum Indischen Ozean und zum
Ganges vordringt. Das AL spricht statt dessen von vier
Heeren, vielleicht angeregt durch die vier Diadochen-
könige, die Hieronymus (ebd.) erwähnt.
In den nun folgenden Versen (14,5–15,12) gibt der
Autor einen kurzen Überblick über die merkwürdig-
sten Erlebnisse Alexanders in Indien; er folgt dabei
einer bisher nicht bekannten Fassung des „Alexander-
romans". Dieser Roman gehört zu den verbreitetsten
Büchern des MA.s. Ältester Text: der griechische
„Alexanderroman" des sog. Pseudokallisthenes (3. Jh.
n. Chr.); lateinische Übersetzungen durch Julius Vale-
rius (4. Jh.) und Leo (10. Jh.). Leos Werk ist in über-
arbeiteter Form („Historia de preliis") in etwa 100 Hss.
überliefert. Die „Historia de preliis" ist Grundlage für
sehr viele volkssprachliche mittelalterliche Alexander-
dichtungen (es gibt allein 7 mhd. Versionen; s. dazu
jetzt H. Buntz: „Die deutsche Alexanderdichtung des
Mittelalters". 1973). – Speziell die indischen Abenteuer
(ohne Luft- und Meerfahrt) behandelt die „Epistola
Alexandri ad Aristotelem" (über 100 Hss.).
Das AL bietet die älteste Darstellung des Alexander-
stoffs in mhd. Sprache. Quelle ist vermutlich eine der
vielen Hss. der „Historia" (vielleicht auch der „Episto-
la"). Von den bisher publizierten Texten kommen (in
der Reihenfolge der Abenteuer) dem AL am nächsten:
a) Der „Alexanderroman" des Archipresbyters Leo.
Hrsg. von F. Pfister. 1913. S. 125–127 (Abdruck s.

„Materialien"), b) Die „Epistola Alexandri" cap. 12–22; 35a; 51–66 (Ausgabe mit Übersetzung bei H. van Thiel: „Leben und Taten Alexanders von Makedonien". 1974). Weiteres s. unten zu 14,13 und Wilmanns S. 21 ff.

14,3 *criechiskin:* Alexander heißen auch spätere jüdische und römische Herrscher.

5 f. An der äußersten Grenze Indiens sollen schon Herakles und Dionysos, die ‚Welteroberer' vor Alexander, ihre goldenen Siegesmale aufgestellt haben. Vgl. „Epistola Alexandri" cap. 35a.

8 Sonnenbaum und Mondbaum sollen Alexander die Weltherrschaft und den baldigen Tod prophezeit haben.

9–12 Die Verse 9.10 und 11.12 faßte Roediger jeweils als *eine* Zeile auf.

13–16 Das Motiv der Treulosigkeit fehlt in den bisher bekannten lateinischen Texten, begegnet aber in späteren mhd. Dichtungen – vielleicht durch die „Kaiserchronik" vermittelt – wieder. Belege bei Ph. Strauch (Hrsg.): „Jansen Enikels Weltchronik". 1891. S. 368–370; D. J. A. Ross: „Alexander and the faithless lady". London 1967. Wichtige Parallelen zum AL liefert eine Hs. der „Historia" aus dem 14. Jh.: A. Hilka, „Der altfranzösische Prosa-Alexanderroman". 1920 (S. XXXVIII f.: Die Mannen lassen die Kette fallen; Alexander schlachtet einen Hund, worauf ihn das Meer wieder ans Land wirft). Ich nehme an, daß die von Hilka zitierte Hs. auf eine Version zurückgeht, die dem AL-Autor zugänglich war.

15,5 Zu *ein bluot* s. Schröbler § 293,2.

5–8 Parallelen in der „Historia" s. oben zu 14,13–16. Mhd. Parallelen: Strauch S. 370; Ross (zitiert zu 14,13 ff.).

9 f. Alexander legt offenbar gewaltige Strecken unter Wasser zurück. Jedenfalls können die *Criechen* nicht mit den treulosen Mannen identisch sein.

12 Nach mittelalterlicher Auffassung besteht die Welt aus *tres partes*: Europa, Asien und Afrika. Vgl. z. B. Au-

gustin, De civ. Dei XVI, 17 (nach Sallust, Bellum
Jug. 17); ähnlich Orosius, Honorius Augustodunensis,
Otto von Freising. In der „Historia" schreibt Alexan-
der an die Amazonen: *Tres partes huius mundi subiu-
gavimus nobis, id est Asiam, Europam et Affricam*
(cap. 84).

16 Aus Dan. 7,7 übernimmt der Autor die eisernen Zähne
und die zehn Hörner, aus Dan. 7,19 die eisernen
Klauen. Einen Namen gibt Daniel dem Tier nicht;
Hieronymus berichtet, daß jüdische Interpreten es mit
dem „Eber aus dem Wald" identifizieren, der den
Weinberg des Herrn verwüstet (Ps. 79,14).
Hieronymus liefert auch die Deutung des Tiers: *Quar-
tum, quod nunc orbem tenet, imperium Romanorum
est.* Ferner: *in uno imperio Romanorum omnia simul
regna cognoscimus quae prius fuerant separata.* – Für
wichtige Einzelzüge (Freiheitsdrang des Ebers V. 4
und 6; Freiheit des Reichs V. 8) fehlen Vorbilder.
Durch die Hervorhebung dieser Züge sowie die Unter-
drückung negativer Wertungen der Quellen soll offen-
bar eine Aufwertung des Römischen Reichs erreicht
werden.

6 *sol diz* (Opitz) beruht wohl auf irrtümlicher Trennung
von hsl. *soldiz* (für *solde ez*). *sol* (3. Sing. Präs.) er-
scheint im AL stets in der mfrk. Lautform *sal*.
7 *waltsuin* (mhd. nur hier belegt) ist wohl Übersetzung
des biblischen *aper de silva* (Ps. 79,14).
8 Gemeint ist offenbar, daß das Römerreich innerhalb
der irdischen Geschichte unüberwindbar ist. – *did* für
mfrk. *dat, dad* (mhd. *daz*) auch 21,8 und 47,25. *sal*
kann auch futurisch übersetzt werden.
9 *cîn* = mhd. *zehen* (kontrahiert *zên*). Zu md. *î* für *ê*
s. Weinhold § 99.
11 Vgl. Dan. 7,7 *terribilis* [...] *et fortis nimis.*

17 Der Abschnitt setzt die Beschreibung und Deutung der
Hörner des vierten Tieres fort. Die Deutung der 10
Hörner auf 10 Könige entspricht Dan. 7,24. Hierony-

mus erklärt, die zehn Könige würden am Ende der Welt auftreten und das Römische Reich unter sich aufteilen. Das AL macht aus den Königen Verbündete der Römer und gibt keine zeitliche Bestimmung ihres Auftretens. – Die Beschreibung des 11. Horns folgt Dan. 7,8 und kombiniert damit Züge aus einer anderen Vision (Dan. 8,10: das Horn des Bocks wächst bis zum Himmel und stürzt Sterne vom Himmel). Die Deutung auf den Antichrist gibt Hieronymus (zu Dan. 7,25).

Der Terminus ‚Antichrist‘ begegnet zuerst im Neuen Testament (Johannesbriefe). Die vagen Andeutungen über seine Person führen zu vielfältigen Spekulationen. U. a. wird der Antichrist mit einer politischen Macht (Römisches Reich) identifiziert oder mit einer bestimmten Person (Nero; Heinrich IV.; Papst Gregor VII.). Bedeutendste literarische Gestaltung des Themas ist der lateinische „Ludus de Antichristo" (um 1160). Ausg.: „Der Antichrist. Der staufische Ludus de Antichristo". Kommentiert von G. Günther. 1970.

2 *rittint* = mhd. *riten.* Doppelschreibung von *t* auch in 14,14 *kettinnin.* Zum epithetischen *t* vgl. Weinhold § 375; Gigglberger S. 88.

4 *sterin* (Opitz) wohl Fehler des Setzers; in den Anmerkungen schreibt Opitz *sterrin.* Vgl. auch *sterrin* 3,7; 33,13; 42,10.

5 *hât* statt *hâte* (mit Elision vor vokalischem Anlaut); ebenso 24,9. Vgl. Gigglberger S. 39 und 114.

8 Nach Dan. 7,25 währt die Herrschaft des Antichrist drei ‚Zeiten‘ und eine halbe ‚Zeit‘; nach Offb. 13,5 dreieinhalb Jahre.

13 f. Gemeint ist vermutlich: *Bisher* erfüllte sich alles entsprechend der Deutung. Daß der Antichrist noch nicht erschienen ist, geht klar aus Vers 10 hervor. – Der Engel als himmlischer Interpret stammt wohl aus Dan. 8,15 f.

18 Der Abschnitt führt zurück zur Geschichte des Römischen Reichs. Auffällig ist die Hervorhebung der Senatsherrschaft (V. 1–8): In der Regel beginnt das vierte

Weltreich in mittelalterlichen Chroniken erst mit Caesar oder Augustus. − Singulär ist die Behauptung, Caesar habe zehn Jahre gegen die ‚deutschen Länder‘ gekämpft (V. 11−16). Die Verlagerung des Gallischen Kriegs nach Deutschland ist offensichtlich ein Einfall des AL-Dichters. Anregungen dazu gab möglicherweise die (fragmentarisch erhaltene) „Hystoria Treverorum“ (vor 1060; die oft in der Forschung genannten „Gesta Treverorum“ von 1101 kommen als Vorbild des AL nicht in Frage, wie Thomas S. 119 ff. gezeigt hat). Nach der „Hystoria“ ist Trier, die ‚Hauptstadt Galliens‘, das eigentliche Ziel der Kriege Caesars; Triers Herrschaftsgebiet erstreckt sich über *tota* [...] *Gallia, Francia et Germania* (S. 146; Text auch bei Wilmanns S. 50 f.). Berücksichtigt man, daß ‚Gallia‘ damals auch als Bezeichnung der linksrheinischen Gebiete des Deutschen Reichs verstanden werden konnte (s. unten zu 25,3), so wird die Umdeutung des AL-Dichters verständlicher.

1−3 *scrivin cisamine... altheirrin* soll wohl den Ausdruck ‚patres conscripti‘ für die Senatoren wiedergeben. Die (falsche) Erklärung des Ausdrucks und die goldene Tafel konnte der Dichter bei Isidor (Etym. IX 4,11) finden.

4 „Was als die Aufgabe der Senatoren bezeichnet wird, erinnert an das Amt der Zensoren [...], kann aber freie Erfindung sein“ (Wilmanns S. 25). − Zum Konj. im Relativsatz vgl. Schröbler § 366,1.

7 Mit den *herzogin* sind wohl die Konsuln und sonstige hohe Beamte gemeint, oder der römische Adel.

10 Diese Mitteilung findet sich in vielen mittelalterlichen Quellen.

14 *ein* (Opitz) vermutlich Lesefehler; vgl. 23,10 *eigen* für *cigên*. − Von zehnjähriger Dauer des Kriegs in *Gallien* spricht Lucan I, 283; von zehnjähriger Belagerung Triers die „Hystoria Treverorum“: *per totum fere decennium in pugnando frustra laboravit* (hierzu Thomas S. 121). − Zur Schreibung *ihâr* statt *iâr* vgl. 11,2 *Danihel.*

15 Zu *sô* s. Schröbler § 357, 1c. *meinstreinge* = mhd. *ma-
gen-strenge* (*magen*, ‚Kraft‘).
17 Vorwegnahme von 24,11 ff.
18 Auch die Übersetzung ‚das sollte ihm Ruhm verschaffen‘
ist möglich.

19 In den folgenden Abschnitten besiegt Caesar die vier
deutschen Hauptstämme der Schwaben (19), Bayern
(20), Sachsen (21) und Franken (22/23). Von jedem
dieser Stämme wird eine Herkunftsgeschichte erzählt,
die das hohe Alter und die Bedeutung des Stammes
dokumentieren soll. Für die Herkunftssage der Bayern
(z. T. auch der Schwaben) ist das AL das älteste Zeug-
nis; Sachsen- und Frankensage haben schon eine feste
Tradition. Bei allen Sagen dürfte es sich um gelehrte
Erfindungen handeln (ausführlich dazu Grau; ferner
Wilmanns S. 26–36, 107–133; Knab S. 66 f., 71–73,
78–86; Nellmann S. 57–63). Mehr oder weniger deut-
lich verknüpft der AL-Dichter (wie zuerst Ittenbach ge-
zeigt hat) jeden der vier Stämme mit einem der Welt-
reiche.

4 Überseeische Herkunft der Schwaben wird hier zum
erstenmal behauptet (von andern germanischen Völ-
kern erzählt man ähnliches; Belege bei Wilmanns S. 27).
6 Von hier bis 28,12 deckt sich der Text der „Kaiser-
chronik“ (287 ff.) z. T. fast wörtlich mit dem des AL.
Textabdruck s. „Materialien“.
7 *Suedo* (Opitz) ist wohl ein Fehler der Hs. Die Hss.
der „Kaiserchronik“ haben – ebenfalls fehlerhaft –
Swero (288 und 289); in der Vorauer Hs. steht als
Konjektur über dem *r* ein *v*.
Plinius (Nat. hist. 4,13) und nach ihm Solin (23,1) er-
wähnen einen Mons Sevo an der Nordgrenze Germa-
niens. Isidor (Etym. IX 2,98) bringt den Berg mit den
Sueben zusammen: *Dicti autem Suevi putantur a Monte
Suevo* [...]. Der AL-Dichter versetzt den Berg ins
Schwabenland. Vgl. Wilmanns S. 28 und Roediger z. St.
9 ff. Manche Ähnlichkeiten bestehen mit der Charakteri-
sierung der Babylonierkönige (12,5).

10 *Redispen* (Opitz) wohl Lesefehler; vgl. 27,2 *marin* statt *marih*.

11 Zur Numerusinkongruenz s. Schröbler § 326,3.

20 Eine Quelle für die folgende Darstellung ist bisher nicht gefunden. Allgemein zur Bayernsage zuletzt: M. Spindler (Hrsg.): „Handbuch der bayerischen Geschichte". Bd. 1. ²1968. S. 75 f.

2 Regensburg – einer der wenigen Orte (neben Xanten und Trier), der im AL nicht als römische Gründung bezeichnet wird – galt im 11. Jh. als größte unter den deutschen Städten. Das erklärt zur Genüge die Hervorhebung dieser Stadt.
se: Die meisten Hrsgg. (außer Maurer) schreiben *sâ*; ich fasse *se* als Pron. Pers. auf (sonst immer *si*). Zur Konstruktion (Antizipation des Nomens), die im AL häufig ist, s. Schröbler § 274a.

9 *Noricus ensis:* Zitat aus Horaz, „Oden" I 16,9 f. und „Epoden" 17,71. Eisen aus Noricum war in der Antike berühmt; es wird u. a. bei Petronius („Satyricon" 70,3) und Plinius (Nat. hist. 34,14) erwähnt. Weitere Belege bei Massmann S. 475.

12 *ingemimi* [!] in Opitz' Text ist wohl Fehler des Setzers; Opitz' Anmerkungen bieten das Richtige. – Zu den zahlreichen Schreibungen von mhd. *nehein* s. Lexer II, S. 48.

13 *den helm:* Zum ‚repräsentativen Singular' s. Schröbler § 252.

15 f. Diese Meinung ist vor dem AL nicht belegt. Die „Vita Altmanni" (geschrieben zwischen 1125 und 1141 im Kloster Göttweig) erwähnt dieselbe Herkunftssage: *Bawari traduntur ab Armenia oriundi* (S. 237). – Da Armenien in der Antike im Bereich des persischen Großreichs lag, soll wohl eine Beziehung zwischen Bayern und Perserreich (AL 13) angedeutet werden. – Spätere Zeugnisse für die ‚armenischen Bayern' bei G. R. Spohn: „Armenien und Herzog Naimes". In: „Zs. für bayer. Landesgeschichte" 34 (1971) S. 185–210.

16 f. Nach der Vulgata landet Noahs Arche *super montes*

Armeniae (Gen. 8,4); im Urtext heißt es „auf den Bergen von Ararat".

19 f. Vgl. Isidor, Etym. XIV 8,5: *Ararat mons Armeniae, in quo arcam historici post diluvium sedisse testantur. Unde et usque hodie ibidem lignorum eius videntur vestigia.* Vgl. auch Josephus, Antiq. I,5.

21–23 Auch für diese Angabe fehlen Parallelen. Vermutlich meint der Autor das Krimgotische, das zuerst um 1250 als ‚ydioma Teutonicum' erwähnt wird (vgl. W. Krause: „Handbuch des Gotischen". ²1963. § 22). – Die „Kaiserchronik" übernimmt die Verse nicht. Ein späteres Zeugnis bei Wilmanns S. 29 Anm. 2.

25 Zur schwachen Flexion von *sige* s. Weinhold § 459.

21 Sachsensagen begegnen schon im 9. Jh. (Rudolf von Fulda) und 10. Jh. (Widukind von Corvey: „Res gestae Saxonicae" I, 2–7); s. dazu Grau S. 13–17. Widukind erwähnt als erster die Verwandtschaft mit den Makedonen und berichtet ausführlich vom Kampf mit den Thüringern. Das AL weicht in manchen Einzelheiten von Widukind ab; dagegen besteht enge Verwandtschaft mit der Version der „Vita Altmanni" (s. oben zu 20,15 f.; Text s. „Materialien"). Wilmanns (S. 34 f. und 47 f.) vermutet eine gemeinsame Vorlage, die auch die andern Herkunftssagen enthielt. Völlig auszuschließen ist das nicht. Ebensowenig ist m. E. auszuschließen, daß der Verfasser der „Vita" das AL gekannt hat. Als ‚Schaltstelle' zwischen Siegburg und Kloster Göttweig könnte Bamberg gewirkt haben (über Beziehungen zwischen Bamberg und Siegburg s. zuletzt Ploss; den Beziehungen zwischen Passau und Bamberg wäre noch nachzugehen). – Zur Sachsensage bei Widukind zuletzt S. Graf von Pfeil in: „Volksüberlieferung. Festschrift für K. Ranke". 1968. S. 297–311.

1 Die negative Charakterisierung der Sachsen ist auffällig. Unklar bleibt, ob hier Reflexe der Sachsenkriege Karls d. Gr. vorliegen (so Wilmanns S. 35) oder ob der AL-Dichter auf die jüngstvergangenen Kämpfe Heinrichs IV. mit den Sachsen anspielt. Die

„Kaiserchronik", die mit dem sächsischen Kaiser Lothar III. sympathisiert, ändert die Stelle (V. 325).

5 Die Quellenberufung bezieht sich *direkt* nur auf die Beziehungen zwischen Alexander und den Bayern. Vielleicht ist Widukinds Sachsengeschichte gemeint.

6 *wunderliche* ist Beiwort Alexanders auch in Lamprechts „Alexander" (V. 45) und Konrads „Rolandslied" (V. 3974).

9–11 Den Tod Alexanders in Babylon, die Teilung des Reichs sowie die Namen der vier Diadochenkönige erwähnt u. a. Hieronymus (zu Dan. 8,5 ff.).

12 ähnlicher Vers 22,16.

13 Opitz' *Vuzir* ist sicher Lesefehler; vgl. 42,5 *siumi* statt *sinim.*

17 f. Die sonstige Überlieferung schreibt das Wort den Sachsen zu (Wilmanns S. 36). Einige Hrsgg. konjizieren deshalb (statt *Düringe*) *Sahsin* bzw. *Dutischin.*

18 Der Autor gibt hier wohl die ursprüngliche Bedeutung von *sahs* wieder. In mhd. Zeit meint *sahs* nicht mehr das (germ.) Kurzschwert, sondern das Langschwert des Hochmittelalters; s. J. Schwietering: „Zur Geschichte von Speer und Schwert im 12. Jh.". 1912, S. 45 f. – Zusammenhang von ‚Sachsen' und *sahs* ist wahrscheinlich.

22/23 Die Sage vom trojanischen Urprung der Franken begegnet zuerst beim sog. Fredegar (7. Jh.) und im „Liber Historiae Francorum" (8. Jh.). Sie wird zum Allgemeingut mittelalterlicher Geschichtsschreibung. „Alle späteren Ursprungssagen stehen direkt oder indirekt unter ihrem Einfluß, ganz gleich, ob sie mehr Ausdruck gelehrter Spekulation oder politischen Machtwillens sind" (Knab S. 71; dort weitere Literatur).

Die Verwandtschaft zwischen Franken und Römern wird – soweit wir wissen – zuerst in Folcuins Geschichte des Klosters Laubach (um 980) in Zusammenhang mit der Fortdauer des römischen Weltreichs gebracht; s. Knab S. 89 f. Das AL ist das zweite Zeugnis für den Versuch, die Kontinuität des Reichs u. a. mit verwandtschaftlichen Beziehungen zu erklären. Vgl. auch Grau S. 30 f. – Was im einzelnen über die Schick-

sale der Griechen und Trojaner erzählt wird, stammt
großenteils aus Vergils „Aeneis" und dem Kommentar
des Servius (Wilmanns S. 37–39). Man vgl. zu Ulixes
(= Odysseus) Aen. 3, 616–638; zu den anderen Grie-
chenführern Aen. 11, 255–270; zu (H)elenus Aen. 3,
294–297 und 349–351; zu Antenor Aen. 1, 242–249; zu
Aeneas Aen. 3, 389–393 und 8, 42–48. Auffällig ist,
daß bei Otto von Freising (Chron. I, 25 f.) vieles ähn-
lich wie im AL berichtet wird.

22,4 f. Die Julier führten ihr Geschlecht auf den Troja-
ner Äneas zurück.

9 Zu adjektivischem *sum* s. Schröbler § 285.

10 *heim vinden* ist wenig sinnvoll; wohl entstellt aus *heim
sinden* (Kraus). Vgl. auch 24,1.

13 Für diese Meinung fehlt bisher eine Vorlage.

20 *slâfinde imi:* Die Partizipialkonstruktion zeigt Einfluß
der lateinischen Syntax. Vgl. O. Behaghel in: PBB
30 (1905) S. 559.

23 *cîmpoume* = mhd. *kienboume*; Assimilation von $n > m$.

24 Bedeutung ‚Stirn' für *ende* sonst nicht belegt.

25 f. Nach Isidor (Etym. XI 3, 16) leben die Zyklopen
– wie viele andere *portenta* – in Indien (vgl. auch
Augustin, De civ. Dei 16,8). Die Neigung des MA.s,
Indien als Heimat vieler Fabelwesen anzunehmen, be-
ruht wohl auf dem „Alexanderroman".

26 *hinehalf* = mhd. *enenthalp, jenhalp*.

23,3 Zum ‚heldenepischen *ein*' (Kraus) s. Schröbler § 293.
Der Autor rechnet in diesem und dem vorhergehenden
Abschnitt offensichtlich mit einem Publikum, dem das
hier Erzählte vertraut ist. Die Übersetzung ‚ein Be-
siegter' wäre darum inadäquat.

3–8 Helenus, Sohn des Priamus, soll nach Trojas Fall mit
Pyrrhus nach Epirus gezogen sein. Später heiratete er
Andromache und gründete Pergamon.

5 *er* nach *ter* wohl versehentlich (vom Schreiber?) ausge-
lassen.

9 Antenors frühe Abfahrt nicht bei Vergil; wohl Irrtum
des Autors.

10 *eigen* statt *cigen* wohl Lesefehler von Opitz (vgl. auch 18,14).

11 *Pitavium* = lat. *Patavium.* – Zu *vns* vgl. Schröbler § 227,2b.

12 Der Timavus (lat.) ist ein Fluß in Venetien, zwischen Aquileja und Triest.

13 *Walilant* statt *Walhe-lant* (mit *h*-Schwund in der Lautgruppe *-lh-*). *Wialilant* (Opitz) wohl Fehler des Druckers. In den Anmerkungen schreibt Opitz zweimal *Walilant.*

14 Das Mutterschwein mit dreißig Jungen gehört zu den wunderbaren Zeichen, die Äneas prophezeit worden sind.

15 Gemeint ist Alba longa.

20 Gemeint ist Xanten. Aus dem antiken ‚Colonia Trajana‘ (2. Jh.) wurde sehr früh ‚Colonia Trojana‘. Im 11. Jh. ist ‚Troja‘ eine gültige Bezeichnung für Xanten: Erzbischof Hermann II. von Köln ließ Münzen schlagen mit dem Bild der Xantener Kirche und der Unterschrift ‚SCA TROIA‘ (= Sancta Troja). – Schon die Fredegar-Chronik (7. Jh.) deutet an, daß Xanten eine Gründung der aus Troja vertriebenen Franken sei (Wilmanns S. 113 und 115). Genauere Einzelheiten über die Gründung bringt aber erst das AL. Das Material entnimmt der Dichter der Schilderung von Pergamon (Aen. 3,349 ff.): *procedo et parvam Troiam simulataque magnis / Pergama et arentem Xanthi cognomine rivum / agnosco* [. . .].

21 f. Der Name ‚Xanten‘ (im Nibelungenlied Santen) kommt in Wirklichkeit von ‚Ad Sanctos‘ (= Zu den Heiligen). Mit dem Xanthos-Fluß bei Troja hat er nichts zu tun. Ein Bach Sante existiert nicht. – Vgl. H. Kaufmann: „Die Namen der rheinischen Städte“. 1973. S. 78–80 (mit weiterer Literatur).

24–28 Die Abschnitte enthalten sehr viel mehr historisches Material als das Vorausgehende, wenngleich sich im einzelnen immer noch viel Fabulöses findet. Wesentliche Anregungen zu der ausführlichen Darstellung des Kampfes zwischen Caesar und Pompejus dürfte *Lucans* unvollendetes Epos „Bellum civile“ (62–65 n. Chr.;

üblicher Titel „Pharsalia") gegeben haben, aus dem z. T.
auch wörtliche Zitate übernommen sind (s. zu 40,13–16).
Das im MA viel gelesene Epos behandelt in hochpathe-
tischem Stil die Ereignisse von Caesars Einmarsch in
Italien bis zu seinem Aufenthalt in Ägypten (49/48
v. Chr.). Zur Wirkungsgeschichte Lucans s. W. Fischli:
„Studien zum Fortleben der Pharsalia des M. Annaeus
Lucanus". 1944. Ausführlicher Vergleich Lucan – Anno-
lied bei Wilmanns S. 39–45; s. außerdem von Reusner
S. 220–224.

Für die eigentümliche Rolle, die im folgenden die
Deutschen bei der Begründung von Caesars Weltherr-
schaft spielen, sind Parallelen ebenso spärlich wie bei
Caesars Unterwerfung der Deutschen. Anregungen
könnte eine mißverstandene Stelle bei Lucan (1, 481
bis 483) gegeben haben: Die zwischen Rhein und Elbe
(*Albim*, nicht *Alpem*) ansässigen Stämme seien vom
Heimatboden losgerissen und folgten Caesar auf den
Fersen (von Lucan ausdrücklich als falsches Gerücht
bezeichnet!). – Der Historiker Florus (2. Jh.) erwähnt
gallische und germanische Bundesgenossen Caesars
(IV,2); die *Germanorum cohortes* hätten bei Pharsa-
lus den Ausschlag gegeben (s. Wilmanns S. 41 und 43). –
Um 1100 berichten die „Gesta Treverorum", die das
AL benutzt haben, Ähnliches (I, 13). Dem AL am
nächsten steht Otto von Freising, Chron. II, 48 f. (über
Vermittlung der „Kaiserchronik"?). – Genauere Unter-
suchungen fehlen.

24,1–6 Eine Quelle für diese (den historischen Fakten we-
nig entsprechenden) Mitteilungen ist nicht nachgewiesen.
1 *gesan* zu mhd. *gesinden/gesinnen.*
9 *hât:* Siehe zu 17,5.
12 Vielleicht auch: ,die dort im (Römischen) Reich wa-
ren'. Die „Kaiserchronik", die die Rolle der Deutschen
weiter ausbaut, schreibt: *in Dûtiscem rîche* (V. 464).

25,3 ,Gallia' und ,Germania' werden seit Ende des 10.
Jh.s zur Bezeichnung der Reichsteile der Ottonen und
ihrer Nachfolger verwendet. ,Gallia' (oder ,Belgica

Gallia') meint in diesem Zusammenhang das linksrhei-
nische Deutschland (s. M. Lugge: „Gallia' und ‚Francia'
im Mittelalter". 1960. S. 125–132). Vgl. auch „Kaiser-
chronik" 395 ff.: *Triere* [...] *in Franken lande, in
Bellica* [!] *Gallia.*

6 Zu *halspergin* s. oben zu 8,9.

9 ff. Panik und allgemeine Flucht aus Rom schildern aus-
führlich „Pharsalia" 1, 486–522.

10 Die doppelte Überlieferung (Opitz' Text und Anm.)
scheint auf zwei verschiedene Verben zu weisen (*er-
vehten* und *ervürhten*); doch kommt (wegen des Voka-
lismus) nur *ervürhten* in Frage. Vielleicht ist besser
irvorhtim (‚fürchtete sich') zu lesen; so auch „Kaiser-
chronik" 479.

13 Ich vermute apo-koinou-Konstruktion mit Kasusdiffe-
renz (vgl. Schröbler § 380). Eine Konjektur erscheint
mir nicht nötig. – *burtin* zu mhd. *bürn*, ‚erheben'.

15 Erwähnung Catos wohl wegen der besonderen Bedeu-
tung, die dieser bei Lucan hat.

21 Die Verfolgung bis Ägypten nimmt Ereignisse nach der
Pharsalusschlacht vorweg. Daß der Autor die Schlacht
selbst nach Ägypten verlegt, halte ich bei seinen guten
Lucan-Kenntnissen für unwahrscheinlich.

26/27 Auf die Schlachtschilderung hat Lucans Epos beson-
ders stark eingewirkt. Doch fehlen – infolge der star-
ken Raffung – zumeist wörtliche Anklänge. Das ge-
waltige Heer des Pompejus schildern „Pharsalia"
3,169–297. 7,360–368; die Größe der Pharsalusschlacht
7,408 ff. 638–641; Getöse der Trompeten 7,475–477;
Echo der Berge, 7,477–484; Blutbäche 7,635–637; Ge-
metzel 7,532 ff. Einzelheiten bei Wilmanns S. 43–45.

26,4–6 Vergleiche mit Schnee und Hagel finden sich öfters
in der antiken und mhd. Literatur; dort aber gelten
sie (passender) den dicht fallenden Geschossen.

9 *bêristi:* Die „Kaiserchronik" schreibt *hertiste* (V. 499),
was die meisten Hrsgg. vorziehen. Auf jeden Fall kann
keine Verherrlichung der Schlacht gemeint sein.

11 mhd. *meregarte* wörtlich: ‚der vom Meer umgürtete

(= meerumflossene) Raum'. Das Wort ist nach 1170 kaum noch belegt.

27,1 *oy* (mhd. *hoi*, *hoy*) ist sonst als klagender Ausruf belegt. Übersetzungen wie „heidi!" (Stern) u. a. verfälschen daher sicher die Intention des wenig kampfbegeisterten Autors. – *wîfini* zu mhd. *wæfen*.

2 *marin* (Opitz) wohl Lesefehler; vgl. 19,10 *Redispen* statt *redispeh*.

6 Mhd. *gliunen* ist sonst nicht belegt, doch verweist Meisen (im Register) auf Formen mit *n* im Wortinnern, die heute noch im Kölner Raum gebräuchlich seien (s. „Rheinisches Wörterbuch" II, S. 1286). – Einige Hrsgg. schlagen *glumiti* oder *gliumiti* (‚dröhnte') vor, was ebenfalls nicht belegt ist.

14 Interpunktion nach Tschirch. Zu satzeinleitendem *dâ* s. Mhd. Wb. I, S. 305.

28 Im Zentrum des Abschnitts steht die Einführung des Pluralis majestatis als Anrede für Caesar. Sie soll den Übergang von der Senatsherrschaft zur Alleinherrschaft symbolisieren. „Die Sitte, eine einzelne Person mit dem Plural des Pronomens und Verbums anzureden, stand im Widerspruch mit aller grammatischen Regel; man suchte darum nach einer Erklärung für diese das Sprachgefühl verletzende Erscheinung [...] gelehrte Combination brachte ihren Ursprung damit zusammen, daß Caesar [...] in seiner Person eine Summe von Ehrenstellen vereinigte, wonach ihn dann die Römer durch das vervielfältigende ‚Ihr' ausgezeichnet hätten" (Ehrismann: „Duzen und Ihrzen im Mittelalter". In: „Zs. für dt. Wortforschung" 2 [1902] S. 118). – Das AL bietet den ältesten bisher bekannten Beleg für diese (später oft wiederholte) Meinung. Zugrunde liegt wohl ein (verlorener) Lucan-Kommentar (s. Nellmann S. 64 f.; Belege zur Nachwirkung bei Roediger z. St.).
Wenn die ‚Deutschen' das Ihrzen von Caesar übernehmen (V. 11 f.), soll damit wohl gesagt werden, daß sie voll ins Reich integriert sind. Auf jeden Fall ist nach Ansicht des Autors die deutsche Geschichte seit Caesar

fest mit der des Römischen Reichs verbunden (V. 17 f.).
Weder Karl der Große noch die Ottonen brauchen
darum im folgenden erwähnt zu werden. Offensicht-
lich kennt der Autor noch nicht die Idee der ‚*Translatio
imperii* ad Francos‘, mit der das Reich Karls des
Großen als legitime Fortsetzung des Römischen Reichs
in das Daniel-Schema hätte eingebaut werden können.
Diese Idee – vereinzelt schon im 9. und 10. Jh. vorge-
bracht – setzt sich erst gegen Ende des 11. Jh.s durch
(s. W. Goez: „Translatio imperii“. 1958). Der Autor setzt
an die Stelle dieser Idee (und der einer Renovatio
imperii) seine Darstellung vom Zusammenwirken Cae-
sars mit den Deutschen und seine Parallele zwischen
Stämmen und Weltreichen (andere Auffassung bei
Knoch; s. unten zu Abschnitt 31).

1 Wieso Caesar im Gegensatz zur Tradition als jung
bezeichnet wird, ist nicht klar.
7 *igizin* (= mhd. *irzen*): wohl zum niederdt. Pron. *gî*
(für *ir*). Nach Meinung Roedigers drückt die Schrei-
bung *ig* palatales *j* aus. – Die Heidelberger Hs. der
„Kaiserchronik“ schreibt *iecin* (V. 520).
11 f. Ob Caesar selbst oder ob die Deutschen mit dem
‚Ihrzen‘ geehrt werden sollen, wird nicht deutlich.
13 ff. Die Beschlagnahme des Staatsschatzes, von Lucan
(3,112–168) chronologisch richtig bei Caesars erstem
Einmarsch in Rom erzählt, ist umgestellt und zu einem
„löblichen Akt fürstlicher Freigebigkeit“ (Wilmanns
S. 45) umstilisiert.
16 *pellin*: zu mhd. *phelle, phellel* (aus mlat. *palliolum*).

29/30 Das in 8,1 ff. gegebene Versprechen, über die Grün-
dung Kölns zu erzählen, wird – an der chronologisch
richtigen Stelle – eingelöst. Berichte über andere Städte
mit römischer Vergangenheit (sämtlich deutsche Bischofs-
sitze, darunter die Konkurrenten Mainz und Trier)
schließen sich an. Ihre Gründung wird größtenteils mit
Caesar in Verbindung gebracht. Direkte Quellen für
diese Meinung fehlen, doch folgt der Autor einer Tra-
dition: In der Mainzer „Passio Albani“ (um 1060) wird

die Rolle Caesars als Städtegründer am Rhein und in
Gallien als bekannt vorausgesetzt (Knab S. 67 f.). Über
die Stadtgründungssagen s. außerdem: H. Wesemann,
„Caesarfabeln des Mittelalters". 1879; Thomas S. 153 ff.

29,4–6 Diese Notiz später auch bei Otto von Freising,
Chron. 3,3. Ihre Zuverlässigkeit wird bestritten.
  5/6 Die reimlosen Verse haben zu zahlreichen Konjektu-
ren Anlaß gegeben; s. Maurer im Apparat.
  8 *birehta:* zu mhd. *berihten* mit md. *e* statt *i*.
11 ff. Unter Agrippa entstand das Oppidum Ubiorum.
Die dort geborene Agrippina – Tochter des Germani-
cus, Gemahlin des Kaisers Claudius – ließ 50 n. Chr.
die Stadt zur Colonia erheben. Name (nach ihr) *Co-
lonia ... Agrippinensis.*
12 Köln war Hauptstadt der römischen Provinz Nieder-
germanien; im 3. Jh. u. a. Residenz des Kaisers Gal-
lienus; zur Merowingerzeit einer der Hauptsitze des
austrasischen Teilreichs.

30,2 *waltpodin:* zu mhd. *walten,* ‚herrschen'.
  8 *unter saz:* (in anderer Bedeutung) auch 34,16.
11 Ob das Castellum Moguntiacum oder das rechtsrheini-
sche Castellum Mattiacorum (= Mainz-Kastel) gemeint
ist (so u. a. Kettner und Schröder), muß offenbleiben.
Erst die „Kaiserchronik" (V. 388) bezieht *castel* ein-
deutig auf Mainz-Kastel.
13 *wîchtûm:* Die Bedeutung des (nur zweimal belegten)
Wortes ist nicht gesichert; das Suffix *-tuom* läßt der
Deutung viel Spielraum. Vorgeschlagen wurde: Wei-
hung (Mhd. Wb.); Weihestätte (Roediger); Reliquien
= Reichsinsignien (Leitzmann; wohl nicht haltbar). –
Weihe und Krönung der deutschen Könige fanden
meist in Aachen statt. Der Autor spielt hier auf die
Mainzer Krönung Rudolfs von Rheinfelden (März 1077)
an. Er muß also zu den Anhängern des Gegenkönigs
bzw. des Reichsadels gehören. Vgl. Nachwort S. 177;
außerdem Wilmanns S. 90 f., Roediger S. 98 f., Leitz-
mann S. 395 f.

14 *senitstûl:* Nur hier belegt; zu mhd. *sent*, ‚geistliches Gericht' (aus griech.-lat. *synodus*). Synoden unter päpstlicher Autorität fanden 1071 und 1075 in Mainz statt. Päpstliche Legaten waren auch bei Rudolfs Krönung zugegen.

17 Vorrömischen Ursprung Triers (das 15 v. Chr. gegründet wurde) behauptet (u. a.) auch die „Hystoria Treverorum". Ausführlich zu den Trierer Gründungslegenden: Thomas.

18 Ich fasse *si* als Akk. Sing. auf (ebenso Schröder zu „Kaiserchronik" 654; anders Roediger S. 74). Der Satz zielt also auf die römischen Bauwerke in Trier; in der „Hystoria Treverorum" stammen sie aus vorrömischer Zeit.

19 ff. Die Verse sind (nach Thomas S. 121 ff.) in den „Gesta Treverorum" benutzt: *In hoc tempore* (gemeint ist: z. Z. des Bischofs Maternus) *fecerunt Treberi subterraneum viniductum a Treberi usque Coloniam per pagum Bedonis, per quem magnam copiam vini Coloniensibus amicitiae causa misere* (cap. 15). (Vgl. Nachwort S. 177.) Die »Hystoria Treverorum" erwähnt die Weinleitung noch nicht.

31 Der Abschnitt, der von der Geburt Christi und dem Nahen eines ‚neuen Königreichs' handelt, bereitet der Forschung erhebliche Schwierigkeiten. Kontrovers ist, ob das *niuwe kunincrîchi* das Römische Reich ablöst (so Knab S. 65 f., Knoch S. 278 ff.) oder ob geistliches *und* weltliches Imperium zugleich existieren (wobei ihre Relation unterschiedlich gesehen werden kann, vgl. Nellmann S. 66 f., von Reusner S. 225 f.). Julian von Toledo (7. Jh.) hat – neben andern – die These vertreten, daß durch die Geburt Christi der Ablauf der Weltreiche aufgehoben sei. Nach dem 9. Jh. läßt sich diese Theorie jedoch nicht mehr nachweisen; fürs AL ist sie unwahrscheinlich. Für einen Fortbestand des Römerreichs sprechen vor allem die Abschnitte 37 und 40, ferner die Rolle, die den deutschen Stämmen bei der Begründung von Caesars Alleinherrschaft zugespro-

chen wird. – Die Vermutung Knochs, die Darstellung des
AL sei beeinflußt von Vorstellungen Ruperts von Deutz
(S. 286 ff.), kann aus chronologischen Gründen nicht ak-
zeptiert werden.

4 Zur Übersetzung von *dugint* s. Artikel ‚Tugend‘ im
  Dt. Wörterbuch, Bd. XI 1,2, Sp. 1564.

9–12 Ölquelle und Kreis um die Sonne werden gemein-
  sam zuerst bei Orosius erwähnt, der beide Zeichen
  schon auf Christus bezieht (VI, 18.20; später auch bei
  Paulus Diaconus). Das AL verlegt die beiden Wunder
  in die Geburtszeit Christi und fügt Einzelzüge (Feuer
  und Blut; vielleicht aus Apg. 2,19) hinzu; s. Wilmanns
  S. 56 f., Knoch S. 280. Ein späteres Zeugnis für die
  Wunder – nach einer anderen Quelle – in Priester
  Arnolds *Siebenzahl* (V. 720–743).

10 *ranniz:* Zur Doppelschreibung statt einfachem *n* s.
  Gigglberger S. 87.

16 Zu mhd. *entwîchen* s. Knoch S. 280 Anm.

32 Unter Vernachlässigung des politischen Aspekts wird
  nun vom Wachstum des Gottesreichs (speziell: von der
  Christianisierung der Franken) erzählt. Maternus – er-
  ster beglaubigter Bischof von Köln (4. Jh.) – wird als
  Schüler des Apostels Petrus vorgestellt. Der Autor
  folgt hier legendärer Überlieferung, die zuerst – Ende
  des 9. Jh.s – in der Trierer „Vita Eucharii, Valerii et
  Materni" greifbar ist (später u. a. auch in der „Hysto-
  ria Treverorum" und den „Gesta Treverorum"). Viele
  Bistümer sind damals bestrebt, ihren Ursprung auf die
  Zeit der Apostel zurückzuführen. Maternus z. B. steht
  in den Bischofslisten von Trier, Köln und Tongern-Lüt-
  tich. – Der ‚Stab des heiligen Petrus‘, der in Vers 11 f.
  erwähnt wird, ist seit dem 10. Jh. teilweise in Kölner
  Besitz (heute Domschatzkammer). – Literatur zu den
  ‚Apostellegenden‘ bei Knab S. 68–70.

2 Vgl. 5,5.

3 *rehte:* Mhd. *rihte*; vgl. auch *birehta* 29,8.

8 *geinti:* 3. Sing. Prät. zu mhd. *ge-enden* (vgl. *einde* statt
  ende).

ûffin leige: zu mhd. *leie, lei* (Fels, Stein, Schiefer; vgl. Loreley), das allerdings Fem. ist. Nach der Legende ist Maternus im elsässischen Elegia (Alaia, Alege) – heute Ehl – gestorben. Meisen S. 48 f. vermutet daher Schreibermißverständnis: aus *c'Elegie* sei über *ce leige* schließlich *ûffin leige* geworden. Für diese These spricht auch, daß *c'Elegie* einen (wenngleich dürftigen) Reim ergibt.

17 *intloich:* zu mhd. *lûchen,* Prät. *louch.*

molta: Erde, heute noch in ‚Maulwurf‘ (mhd. *moltwerf*).

23 *ci Trierin:* Das AL bevorzugt schwache Deklination der Feminina.

33 Der Abschnitt als Ganzes scheint keine Vorlage zu haben. – Daß Anno der 33. Bischof von Köln gewesen sei, ist historisch unzutreffend, darf aber als offizielle Meinung seiner Zeit gelten. Dem Verstorbenen wurden im Dezember 1075 zwei Bleitafeln ins Grab gelegt, die mit dem Satz beginnen:

Hic requiescit domnus Anno secundus, Coloniensis ecclesiae tricesimus tercius archiepiscopus . . .

Die Tafeln wurden 1183 bei der Graböffnung gefunden (s. „Libellus de Translatione“ 16). – Kölner Bischofslisten des 12. Jh.s nennen Anno mehrfach an 33. Stelle (MG SS 13, S. 284 f.; MG SS 24, S 336 ff.); in andern Listen ist er der 34. Bischof. Vorgänger Annos, die zu seiner Zeit als Heilige verehrt wurden, waren Maternus, Severin (um 400), Eberigisil (6. Jh.), Kunibert (7. Jh.), Agilolf (8. Jh.) und Heribert (11. Jh.); Erzbischof Bruno scheint damals noch nicht als Heiliger zu gelten. Anno wäre somit der 7. heilige Bischof. Der Autor verleiht ihm das Prädikat *seint* offensichtlich auf Grund seiner Verehrung als Heiliger; kanonisiert ist er nicht (die Kölner Synode unter Annos Nachfolger Hildolf, die das Volprecht-Wunder untersuchte, hätte eine solche Kanonisation immerhin vornehmen können).

Die Zahlen 33 und 7 sind kaum ohne Absicht genannt: Beide sind in besonderem Maße heilige Zahlen; 33 bringt Anno zudem (als Zahl der Lebensjahre Chri-

sti) in engste Beziehung zu Christus. Ittenbach hat die
beiden Zahlen – einigermaßen überzeugend – auch im
Grundriß des AL wiedergefunden: „Im Lied reicht die
heilsgeschichtliche Übersicht bis Str. 7, die weltgeschicht-
liche Übersicht bis Str. 33. In Str. 7 und 33, den beiden
Zielpunkten, werden Anno und Köln gefeiert: in Str. 33
erscheint er als der 33. Amtsinhaber und der siebente
Heilige auf dem kölnischen Bischofsstuhl. Diese zen-
trale Strophe bringt die äußeren Maßzahlen des Ge-
dichts in eine sinnvolle Verbindung zu seinem In-
halt ..." („Euphorion" 39 [1938] S. 26).
Literatur zur Heiligsprechung Annos bei M. Schwarz:
„Heiligsprechungen im 12. Jahrhundert". In: „Archiv
für Kulturgeschichte" 39 (1957/58) S. 43–62. Reiche
Literaturangaben zur Zahlensymbolik im AL und in
anderen mittelalterlichen Texten bei Hellgardt, der sich
im übrigen mit Recht kritisch äußert.

3 *beizzirimo:* Zur *ei*-Schreibung (für Umlaut-*e*) s. Anm.
zu 5,2.
4 *gewanne:* Wohl Konj. Prät.; die neueren Hrsgg. (außer
Maurer) schreiben *gewunne.* Falls *gewanne* richtig ist,
wäre es ein erstaunlich früher Beleg für Ausgleich im
Prät. zugunsten des Singular-Vokalismus.
5 f. Die hier verwendete Kriegsterminologie entspricht
dem Gedanken der ‚militia Dei'. Hierzu grundlegend
A. von Harnack: „Militia Christi". 1905.
11 Die hier vorgetragene Auffassung bestimmt offensichtlich
auch das Bildprogramm des Siegburger Annoschreins, der
etwa 100 Jahre nach Annos Tod – wohl vor der 1183
erfolgten Kanonisation – in Auftrag gegeben wurde.
Auch dort waren (auf der einen Längsseite) die oben-
genannten sechs heiligen Vorgänger Annos dargestellt;
Anno selbst nahm – als siebter in der Reihe – die vor-
dere Schmalseite ein.
12 f. Vergleich mit den Sternen auch 42,10.
13 Gemeint sind wohl die Plejaden. Zum Fehlen des Ar-
tikels s. Behaghel, „Dt. Syntax" I, S. 65.
15 f. Lampert von Hersfeld nennt Anno eine köstliche

Perle, die schon längst für das Diadem des himmlischen
Königs bestimmt war (s. „Materialien" S. 145/152).
16 *jachant:* aus mlat. *jacinctus,* ‚Hyazinth' (ein Edelstein).

34 Hier beginnen die Berührungen mit den „Annalen"
Lamperts von Hersfeld (1078/79) und der „Vita Anno-
nis" (1105). Keiner der beiden Texte ist Quelle des AL.
Dem Autor lag vermutlich die (verlorene) ältere Vita
Annonis (1079/80?) des Abtes Reginhard vor; diese
ihrerseits hat wohl Lamperts „Annalen" benutzt (s.
Nachwort S. 179). – Zu dem komplizierten und nicht
völlig geklärten Verhältnis zwischen Lampert und der
„Vita Annonis" s. die Arbeiten von Oediger, Müller-
Mertens und Lück. Die Parallelen zwischen AL, „Vita
Annonis" und Lampert sind (mit genauen Zitaten) ver-
zeichnet von Wilmanns (S. 66–86) und Roediger (S. 106
bis 110); außerdem bei Gigglberger (S. 275 ff.). Hilf-
reich (und von der Forschung bisher nicht genutzt) sind
Oedigers Regesten.
Parallelen zwischen Abschnitt 34 und „Vita Annonis":
Zu V. 7: Die Vita betont, daß Gott die Entscheidung
des Königs gelenkt habe (I, 4). – Zu V. 8 f.: Den Ein-
zug in Köln stellt die Vita anders dar: Die Kölner
sind unzufrieden und trauen Anno nicht zu, daß er für
die Stadt etwas tun werde (*quis iste est? et ubi sunt
illa, quibus amplificaturus est Coloniam?* I, 4). Erst die
Bischofsweihe findet unter großer Beteiligung der Menge
statt (I, 5). – Zu V. 10–14: Annos Heiligkeit bei Gott,
sein Ansehen bei den Menschen nimmt zu wie die
Morgenröte (I, 2). – Zu V. 15 ff.: *inter caeteros regni
principes conspicuus incedebat* (I, 5; auch bei Lampert);
Preis der Tüchtigkeit Annos in allen geistlichen und
weltlichen Geschäften (I, 5). – Zur Interpretation des
Abschnitts vgl. Nellmann S. 68–72.

1 Vgl. 1,12.
2 Mhd. *bîspel,* ‚lehrhafte Erzählung, Fabel, Gleichnis';
die Bedeutung ‚Muster, Vorbild' (so die meisten Inter-
preten) ist erst im Spätmittelalter belegt. Der Autor

bezeichnet hier also selber sein Werk als ,Exempeldichtung' (vgl. den Titel des Aufsatzes von Eggers).

3 *anesîn:* 3. Pl. Konj. (Infinitiv unwahrscheinlich).

5 f. Gemeint ist wohl die Entscheidung Heinrichs III. für Anno als Erzbischof von Köln (Frühjahr 1056). Allerdings ist die Formulierung *bival sich* ungewöhnlich; sollte mit ihr die (anstößige) Investitur durch den König umgangen werden? Knoch (S. 295 ff.) vermutet, daß der Autor zugleich auch Annos „Berufung zum Reichsregenten" gemeint habe, die in Wirklichkeit erst 1062 durch den Staatsstreich von Kaiserswerth erfolgte.

8 Wörtlich: ,dort, wo er ... empfangen wurde'. Die meisten Hrsgg. ändern das schwierige *dar* in *daz* oder *dû.* – Zur Umdeutung der historischen Ereignisse s. Vorbemerkung.

10 *liufte:* Zum Schwund des *-n* s. Gigglberger S. 81.

15 Mhd. *phalenze* (aus lat. *palatium,* mlat. *palantia*) bezeichnet neben der konkreten Räumlichkeit (,Pfalz') auch den königlichen Hof allgemein.

16 *daz rîch al:* Mhd. *rîche* meint nicht nur das Reich, sondern auch die Personen, die es repräsentieren, entsprechend der Auffassung des mittelalterlichen Staates als ,Personenverband'. *rîche* kann also ,Kaiser/König' heißen, oder ,Reichsfürsten' (mit und ohne den König). Mit V. 15 f. ist vermutlich die Zeit von Annos Regentschaft (1062–64) vorweggenommen, als Anno *palatio praesidens iustitiae studebat* (Annales Altahenses zum Jahr 1062).

17 f. „Die Vergleichung des opfernden Priesters mit dem Engel ist geläufig" (Wilmanns S. 67).

35 Annos Charakter, seine Predigttätigkeit und seine Verdienste um Köln werden ähnlich auch bei Lampert gerühmt (s. „Materialien" S. 145 f./152 ff.). Die „Vita" bringt alles ebenfalls, aber an verschiedenen Stellen. Ausführliches Lob der Predigt „Vita" I,8; Verdienste um Köln „Vita" I,4 und I,5.

1 Der Satz ist problematisch. Wilmanns und Roediger verweisen auf die „Vita", die erwähnt, daß Anno vom

König nicht entsprechend seiner Güte geschätzt wurde (I,7). Vielleicht ist auch ein Vorverweis auf Annos nächtliche Unternehmungen (36,1 ff.) gemeint.

6 Die Form *gîn* ist auch im König Rother belegt; s. Weinhold § 357.

7 *sceirphe* = mhd. *scherpfe, scherfe.*

11 ff. Etwa seit 1000 wird es in Deutschland üblich, im Anschluß an die Predigt die Gläubigen ihre Sünden bekennen zu lassen (sog. ,offene Schuld‘) und sie loszusprechen. Textbeispiele aus dem 12. Jh.: „Süddt. (Münchener) Glaube und Beichte“ sowie „Benediktbeurer Glaube und Beichte III“ (Ausg. Steinmeyer S. 345 ff., 357 ff.). Belege für Verbindung von Predigt und Ablaß in Bischofsviten: Müllenhoff/Scherer, „Denkmäler deutscher Poesie und Prosa aus dem 8.–12. Jh.“. ³1892. II, S. 432.

12 Das Wort *bischof* findet Opitz (Anm.) erklärungsbedürftig. Es muß also im Text gestanden haben.

36 Die nächtlichen Gebete in verschiedenen Kirchen erwähnt schon Lampert (s. unten 146/153; vgl. „Vita“ I,5). Die »Vita« berichtet ausführlich über die Armenfürsorge (I,8) und über die Wöchnerin, der Anno eine Matratze herbeischleppt (I,9).

1 Zur Verbindung von *ward* mit Inf. s. Schröbler § 307,2 Anm. 3.

2 Zum pleonastischen *ime* s. Schröbler § 227, 2c.

3 mhd. *venje* aus lat. *venia*, eigtl. ,Bitte um Verzeihung‘.

4 mhd. *münster* (mlat. *monisterium*, ahd. *munistri*) urspr. ,Kloster‘, dann ,Klosterkirche‘ (unsere Stelle wohl frühester Beleg), schließlich auch ,große (z. B. bischöfliche) Kirche, Dom‘ (vorwiegend im Süden Deutschlands).

5 *oblei* (aus mlat. *oblagia/obleia*, griech. εὐλογία): Abgabe (in Geld oder Lebensmitteln) an eine Kirche; ein Kloster usw. Die „Vita Annonis“ sagt im selben Zusammenhang, daß Anno Lebensmittel und Kleidung mit sich führte.

14 Vgl. „Vita“ I,8 *vere pater orphanorum.*

37 Der Abschnitt rühmt Anno als Reichsregenten (1–10)
und als Bauherrn und Klostergründer (11–16). Die
weitgehend unhistorischen Mitteilungen der Verse 1–10
finden z. T. eine Entsprechung in der „Vita Annonis".
„Vita" I,7 behauptet, daß Anno nach Heinrichs III.
Tod dessen Sohn, den Erben des Reichs, zur Erziehung
empfing *(suscepit nutriendum;* vgl. auch „Gesta Treve-
rorum" cap. 33, wo der sterbende König Anno Sohn
und Reich anvertraut). „Vita" I,30 erwähnt Geschenke der
Könige von England, Dänemark und Griechenland;
ferner die Schenkung Saalfelds durch die Königin von
Polen. Rußland und Flandern werden nicht erwähnt
(vielleicht Polen = Rußland?). – Vermutlich standen
ähnliche Mitteilungen schon in der älteren Vita. Über
die mangelnde historische Zuverlässigkeit des Mitge-
teilten s. Knab S. 21–25; ebd. über die Technik und
Tendenz der Umdeutung historischer Ereignisse.
Auf historisch sichererem Boden stehen wir für die übri-
gen Verse, für die auch die Parallelquellen reichlicher
fließen. Die fünf ‚Gründungen' Annos – St. Maria ad
Gradus und St. Georg in Köln, ferner die Abteien
Siegburg, Grafschaft (in Westfalen) und Saalfeld (in
Thüringen) – werden kurz von Lampert (s. unten S. 146/
154), ausführlich von der „Vita" (I,15–28) behandelt.
Annos Grab in Siegburg erwähnen Lampert (s. unten
S. 151 f./160) und die „Vita" (III,16). An Kölner Kir-
chen, denen Annos Bautätigkeit sonst noch zugute kam,
nennt die „Vita" St. Gereon (II,27). Über Annos Reich-
tum: „Vita" I,31.

1–4 Historisch einigermaßen zutreffend sind die Verse
nur für die Jahre 1062–64, als Anno entscheidenden
Einfluß auf die Reichspolitik hatte. Bis zur Volljäh-
rigkeit Heinrichs IV. (1065) war Anno dessen ‚magi-
ster'.
11 *ci Kolni:* Möglich (und passender) wäre m. E. die
Übersetzung ‚für Köln' (vgl. Kettner [1878] S. 331
A. 2). Gemeint wären dann z. B. die großen Erwerbun-
gen von Saalfeld mit Coburg und dem Orlagau, ferner

Sanctus episcopus — Anno coloniensis

Anno von Köln mit Modellen der fünf von ihm gegründeten Stifte und Klöster. Miniatur aus einer Kurzfassung der „Vita Annonis" (sog. Darmstädter Vita); entstanden wohl um 1180 in Siegburg. (Hess. Landes- u. Hochschulbibliothek)

des Landes Aspel/Rees. Auf jeden Fall müssen die
Verse 12 ff. eng mit Vers 11 verbunden werden.
12 Außer St. Gereon können hier St. Kunibert und Groß-
St.-Martin gemeint sein.
14 *munister:* Genaugenommen handelt es sich um Stifte
und Abteien.

38 Der Abschnitt bereitet auf die Kämpfe und Nieder-
lagen während Annos Episkopat vor. Entsprechend der
christlichen Ideologie des MA.s werden sie als gottge-
sandte Prüfungen zur Läuterung der Seele interpretiert.
Dasselbe Denkschema auch bei Lampert (s. unten S. 149/
157) und „Vita" II,20 (bei beiden auch das Bild vom
Schmelzofen, nicht aber die anderen Einzelheiten).

1 Zur Konstruktion (Nachbildung eines lat. Finalsatzes)
s. Behaghel in PBB 30 (1905) S. 559 f.
3 ff. Vergleiche mit dem Goldschmied sind in geistlicher
Literatur geläufig; s. C. Kraus: „Vom Rechte" und „Die
Hochzeit". SB Wien 123 (1891) S. 69 f.; Reske (1973)
S. 222.
5 Zu *ein* vor Bezeichnungen für Stoffe, Substanzen usw.
s. Schröbler § 293,2.
7 Zu mhd. *wiere* vgl. Kohlmann S. 566 f.
9 *slahtin:* Gen. Pl. zu *slahte.*

39 Die meisten ‚Prüfungen' des Abschnitts (V. 3–8) werden
ähnlich bei Lampert aufgezählt, jedoch in anderer Rei-
henfolge: Aufstand in Köln; Mordanschlag und Verrat
einiger Diener; Unbotmäßigkeit eines Protegés (»Anna-
len" S. 336; s. „Materialien" S. 149/157 f.; alles auch in
der „Vita": II,21.23). Die »Vita" allein berichtet über die
Auseinandersetzungen mit Pfalzgraf Heinrich von Loth-
ringen: Dieser hatte den Siegberg an Anno abtreten
müssen (I,19); nach schweren Kämpfen starb er 1061
im Wahnsinn (I,33). Die Verse 1 f. dürften sich auf
diesen Heinrich beziehen (zum Plural s. unten zu V. 5).
Daß auch der große Kölner Aufstand von 1074, die
„erste Regung des demokratischen Bürgertums" in Köln
(Bauernfeind S. 71), als Prüfung Annos herunterge-

spielt wird, mag dem modernen Betrachter mißfallen. Doch ist zu bedenken, daß Lampert, dem wir die einzige ausführliche Darstellung des Aufstands verdanken („Annalen" S. 236–248; fast wörtlich auch „Vita" II,21), ebenfalls ganz aus der Perspektive Annos heraus berichtet und daß eine andere Sehweise zumindest für einen Siegburger Geistlichen damals kaum denkbar war. Mit Lampert verglichen sind die Verse des AL sogar ausgesprochen zurückhaltend; Rücksichtnahme auf die Kölner dürfte hier mitspielen.

1 *anevehten* wird sonst mit Akk. konstruiert; ich vermute daher Lesefehler (*im* statt *un*) bei Opitz. Vgl. 42,5 *siumi* für *sinim*.

5 *wî dikki:* Durch die Verallgemeinerung eines einzelnen Vorfalls (ähnlich in Vers 1 und 3 f.) führt der Autor konsequent zum Kölner Aufstand als der letzten Steigerung hin.

7 f. Zur Konstruktion (negierter Konj. abhängig von formal negiertem übergeordnetem Satz) s. Schröbler § 334,3.

9 ff. Die Vertreibung Davids aus Jerusalem wird 2. Sam. 15 erzählt. Der Vergleich mit dem alttestamentlichen Vorbild beweist in den Augen des Autors die völlige Schuldlosigkeit Annos. – Zum David-Absalom-Vergleich s. ferner W. Fechter in PBB 83 (Tübingen 1961) S. 302–316.

16 *súnt iz:* Auch die Übersetzung ‚stiftete Versöhnung‘ wäre denkbar; dann bezöge sich der Vers auf 43,22 ff.

40 Hauptquelle für diesen umstrittenen Abschnitt dürfte ein Bericht der verlorenen älteren Vita über den Sachsenkrieg (1073–75) sein. Er spiegelt sich in der erhaltenen „Vita"; dort folgt er unmittelbar auf die Erwähnung der – zu Abschnitt 39 behandelten – Anfeindungen Annos:
Ad omnem autem doloris et moeroris plenitudinem illa novae confusionis miseria, quae per omnes angulos regni se dilatare iam incipiebat, tanto acerbius cordis eius intima tetigit, quanto res ad generale to-

tius aecclesiae discrimen spectabat. Nam feritate barbarica confligentibus inter se Francis et Saxonibus, immiscebant se fide dubia nunc his nunc illis Suevi gensque Baioariorum, fiebantque caedes, incendia simul et rapinae per omne regnum Teutonicum. ... *His angoribus* ... [Anno] *adeo coartatus et excoctus undique, ut etiam taederet eum vivere* ... (II,23).

Mit dem Bericht der „Vita" teilt das AL die Übersteigerung der Ausdehnung des Konflikts (in der „Vita": das ganze dt. Reich; im AL sogar: das Imperium Romanum).

Neben den geographischen Ungenauigkeiten hat auch die Chronologie Anstoß erregt: Der Sachsenkrieg beginnt – entgegen 40,1 – schon *vor* dem Kölner Aufstand. Annos vergebliche Vermittlungsversuche (40,21) enden ein Jahr *vor* der blutigen Schlacht an der Unstrut. Angesichts der Schwierigkeit exakter historischer Information in der damaligen Zeit sind Irrtümer dieser Art m. E. auch dann verständlich, wenn der Autor sehr kurz nach den Ereignissen schreibt. Für eine Spätdatierung des AL auf Grund dieses Abschnitts besteht somit kein Anlaß. Denkbar ist, daß das Erlebnis des beginnenden Investiturstreits sich in der übersteigerten Darstellung mit niedergeschlagen hat. – Zum ganzen Abschnitt zuletzt: Gigglberger S. 284–286; Fritschi S. 143–146; Knab S. 25 f.; Nellmann S. 76–78; Knoch S. 292. 297 f.; von Reusner S. 213–217.

1 *ving sich ane:* Pleonastisches *sich* ist sonst erst „in jüngerer Zeit" belegt (Schröbler § 227, 2c).

3 Leitzmann glaubt, das Fehlen des Kaisertitels (entgegen 34,5) sei ein Indiz dafür, daß das AL erst nach dem Tod Heinrichs IV. – August 1106 – abgefaßt wurde; lebende Herrscher würden im Mhd. nicht mit dem bloßen Vornamen benannt (S. 395). Dagegen meint Knoch, der Autor halte sich nur an den Sprachgebrauch der antikaiserlichen Partei (S. 297).

6 Lampert berichtet die Zerstörung der Kirche auf der Harzburg durch die sächsischen Bauern („Annalen" S. 232); dies könnte u. a. hier gemeint sein.

7 f. Der Krieg betrifft im AL das ganze Römische Reich; die Grenzen werden durch die Nachbarländer bezeichnet, wobei allerdings Apulien nicht unmittelbar an Reichsitalien grenzt.

12 Zu *hûsgenôze* vgl. ZfdA 72 (1935) S. 255.

13–16 In diesen Versen ist das Proömium zu Lucans „Pharsalia" wörtlich benutzt (1,2 f.): ... *populumque potentem / in sua victrici conversum viscera dextra* (ein mächtiges Volk, mit siegreicher Hand gegen die eigenen Eingeweide gewandt).

15 Wörtlich: „... rechter Hand‘. Mhd. *zese(we)* (got. *taihswo*, lat. *dex-ter*) wird erst im Spät-MA durch *recht* abgelöst.

17 mhd. *lîcham(e)* aus ahd. *lîh-hamo*, ‚Leibeshülle‘.

17–20 Die Schilderung scheint durch Lucan angeregt: 7,797–824 (die Leichen der Pompejaner werden nicht verbrannt); 7,825–840 (Tiere fressen an den Leichen).

21 Mehrere Schlichtungsversuche Annos erwähnt Lampert; die Stellen bei Oediger (1954–61) S. 301–303.

41 Ein ausführlicher und teilweise abweichender Bericht über die Himmelsvision vom Februar 1075 findet sich in der „Vita Annonis" (II,24); vgl. Oediger (1954 bis 1961) S. 314 und Wilmanns S. 77–79. Der Zug mit den sechzehn Pferden (V. 11 f.) fehlt in der „Vita".

2 *irbaritimi* = mhd. *erbarte ime.* – Die *hant* Gottes steht – wie häufig in Texten des MA.s – für die Person Gottes.

3 *nône: nona (hora)*, die neunte Stunde des um sechs Uhr beginnenden Tages; auch allgem. Mittagszeit (vgl. engl. *noon*).

8 Die Schreibung *wertlîch* statt *werltlîch* ist ein nicht seltener Fehler; Belege bei C. Kraus („Deutsche Gedichte des 12. Jahrhunderts", 1894, S. 127), der freilich nicht an einen Fehler glaubt.

9 f. Anno betet offenbar kniend.

11 *mâncraft*: kontrahiert aus mhd. *magen-kraft.*

13 *hun* = *in*. Das anlautende *h*, das urspr. nur im Nom.

Sing. Mask. begegnet *(her)*, ist hier auf den Akk. übertragen; s. Gigglberger S. 99 f.

15 *sigis = sich es.*

42/43 Die Vision wird ausführlich bei Lampert (s. „Materialien" S. 150 f./158 f.) und fast gleichlautend in der „Vita" (II,25) erzählt. Das AL legt besonderen Nachdruck auf die Schilderung der Paradieseswonne. Dagegen kürzt es den politischen Teil des Berichts, der auf drei Zeilen reduziert wird (43,22–24). – Die Vision von der *Bischofs*versammlung ist für das Denken des Erzbischofs bezeichnend: Anno „erlebt das Gottesreich als triumphierende ecclesia, repräsentiert durch bischöfliche Würdenträger" (Reske [1973] S. 31). Das Paradies ist hierarchisch gegliedert.

42,5 *siumi* (Opitz) wohl Lesefehler statt *sinim*; vgl. 39,1 *im* statt *un.*

7 Die Schreibung *viuli* erklärt Gigglberger als Verdumpfung vor folgendem *l* (S. 55).

10 der Vergleich heiliger Bischöfe mit Sternen auch 33,12 f.

11 Erzbischof Bardo von Mainz (1031–51); er galt als Heiliger.

12 Erzbischof Heribert von Köln (999–1021). Der Vergleich mit dem *goltstein* greift das 38,8 verwendete Motiv wieder auf; Anno soll so werden wie sein heiliger Vorgänger (vgl. Reske [1973] S. 40).

15/16 Der Reim ist offenbar verderbt. Roediger konjiziert: *eirlîch – vrôlîch.* Weitere Vorschläge bei Maurer im Apparat.

16 *sînis:* Wohl Nebenform zu *sîn* (so Weinhold § 475 und 431). Roediger konjiziert *sigis (= sich es).*

21 Die Vorstellung, nur der sei des himmlischen Jerusalem würdig, dessen Gewand nicht befleckt ist, stammt wohl aus Offb. 3,4.

43,1 Arnold (bzw. Arnulf), Bischof von Worms (1044 bis 1065); er wird von Lampert als *vir ... sanctitatis* bezeichnet (S. 106). – Zur *hiez*-Konstruktion s. Schröbler § 270 A. 2.

7 Vgl. Lampert: *Maculam . . . ablui praecipe* (s. unten S.
150/159; ebenso „Vita" II,25).
18 Zu *diusi* im mfrk. Gebiet s. Gigglberger S. 54.
23 f. Nach Lamperts Bericht ließ Anno diejenigen, die er
aus Köln vertrieben hatte – insgesamt sollen über
600 Kaufleute geflohen sein, und die Stadt war ver-
ödet –, zu sich kommen; zu Ostern 1075 nahm er sie
wieder in die kirchliche Gemeinschaft auf und gab ih-
nen ihre Güter zurück (s. unten S. 151/159 f.; ähnlich
„Vita" II,25).
24 Zur Wortstellung (*wî* nicht in erster Position) vgl.
42,20.

44 Der Bericht von Annos Tod gleicht in Einzelheiten
(V. 5–10) der Darstellung Lamperts (s. unten S. 150/158).
Die „Vita" steht ferner; sie schildert Annos Sterben viel
ausführlicher und dramatischer (III,9–15).

2 Vgl. 36,16.
3 mhd. *kestigen* aus mlat. *castigare*.
4 f. Hiob wird vom Satan mit bösartigen Geschwüren
vom Scheitel bis zur Sohle geschlagen (Hiob 2,7). Auch
Lampert berichtet von gräßlichen Geschwüren Annos.

45 Der Abschnitt als Ganzes ist ohne Parallele bei Lam-
pert und in der „Vita Annonis".

1 Gemeint ist die ‚visio beatifica', das Schauen Gottes.
3 *edile gemût:* früher Beleg für *edel* als ethische Quali-
tät.
4–6 Der Adlervergleich ist wohl angeregt durch 5. Mos.
32,11: *Sicut aquila provocans ad volandum pullos suos
et super eos volitans expandit alas suas . . .*
5 *willit* (statt *wil*): Präsensformen nach Analogie der
schwachen Verben sind vor allem im Ripuarischen be-
liebt (Weinhold § 422).
6 *suêmit:* Wohl zu mhd. *sweimen.* ê-Schreibung für *ei*
ist sonst erst im 12. Jh. in ripuarischen Texten belegt;
vgl. Gigglberger S. 67 f.
8 *dint* (Opitz): Wohl Lesefehler für *dunt*; vgl. 41,2 *simi*
statt *sini*.

15 f. Von Wundern nach dem Tode spricht bereits Lampert (s. unten S. 145/152 und 152/160). Ausführlich über Wunderheilungen: „Vita" III,17 ff.

46–48 Anstelle vieler beliebiger Wunder erzählt der Autor des AL nur eines, freilich das gewichtigste: wie Volprecht, der Zweifler an Annos Heiligkeit, wunderbar gestraft und ebenso wunderbar geheilt wurde. Auch in der „Vita Annonis" nimmt das Volprecht-Wunder einen dominierenden Platz ein (III,24). Wie die Vita berichtet, kommt das Wunder sogar – im Zusammenhang mit frühen Kanonisationsbestrebungen? – vor die Kölner Synode, die unter Vorsitz von Erzbischof Hildolf (gest. 1078) tagte. Wilmanns hat die Unterschiede zwischen AL und „Vita" scharfsinnig analysiert und wohl allzu weitreichende Schlüsse gezogen (s. die Kritik von Roediger S. 99 f. und 109 f.): Es läßt sich nicht beweisen, daß das AL das Wunder in einer Fassung erzählt, die nicht die Billigung der Synode fand.

46,1 f. In der „Vita" ist Arnold der ,advocatus', der über Volprecht Recht spricht; nach dem Urteil kommt es zum Streit.

3 „Nach der Vita sind es Geldschulden. [...] Der geistliche Dichter denkt zunächst an den theologischen Begriff der Schuld und setzt deshalb *werltlîch* hinzu" (Roediger S. 131 Anm.).

9 *einen ganc gân:* sog. figura etymologica.

10 *einis veldis lanc:* Vgl. *eines ackers lanc* (Iwein 5325). Auch *velt* kann als Längenmaß gebraucht werden.

12–16 Die Verbote und Drohungen des Teufels fehlen in der „Vita".

13 Zum Wechsel der Konstruktion vgl. Schröbler § 383.

15 *giwûge:* Konj. Prät. zu *gewahen,* Prät. *gewuoc.*

47,1 „Vita": Er begleitete den Vogt zu Pferde mit seinen Kameraden.

2 *tiviulis* (Opitz) dürfte Schreib- oder Druckfehler sein.

3 Die Gespräche drehen sich – laut „Vita" – um Volprechts Vergehen.

15 f. „... *sinister oculus* ... *velut aqua totus effluere coepit*" („Vita").

16 *ein wazzer:* Vgl. Schröbler § 293,2.

18 *woltt* (statt *wolti*) dürfte Lesefehler von Opitz sein.

18 f. Zur Konstruktion s. zu 39,7 f.

21 *ein slag:* in der „Vita" ein Blitzschlag *(quasi iaculum ... fulmineum).*

23 f. In der »Vita" wird das Auge durch den Schlag des Blitzes herausgerissen. – Mhd. *sprîzen* ist nur hier belegt. Die Übersetzung ,in Stücken oder Splittern auseinanderfliegen' (Lexer) wird der Stelle wohl kaum gerecht.

26 wörtlich: ,wie ihm zumute war'. Die Bedeutung ,weil' für *als* (so Roediger) ist nicht belegt; s. aber die Parallelen bei Roediger z. St.

28 *in crûcestal* wörtlich: ,in Gestalt eines Kreuzes'.

48,1–4 In der Vita eilen Volk und Klerus der umliegenden Kirchen herbei. Die Heilung geschieht auf freiem Feld; Arnold spielt bei Volprechts Bekehrung die Hauptrolle. Der Klerus wird vom Verfasser der Vita getadelt: offenbar glauben die Laien intensiver an Annos Heiligkeit als die Geistlichen.

4 *pigihti:* mhd. *bîht(e),* kontrahiert aus ahd. *bijiht* (zu ahd. *bijehan,* ,bekennen').

11–13 Zur übertragenen Bedeutung von Blindheit bzw. Heilung von Blindheit im AT und NT s. die Belege bei K. Burdach: „Der Gral". 1938. S. 287.

49 Der Schlußabschnitt ist ohne Parallele bei Lampert und in der „Vita".

1–4 Vgl. 2. Mos. 14.

6 Das Gelobte Land des Volkes Israel und das Paradies werden hier in eins gesetzt (Roediger).

7 f. In Palästina soll – nach dem Wort Gottes (2. Mos. 3,8. 33,3) – Milch und Honig fließen; vgl. auch 4. Mos. 13,28.

9 *sprunge* kann formal nur Konj. Prät. (mhd. *sprünge*) sein. Demnach ist Vers 1–12 als durchlaufende Periode

aufzufassen (bei Maurer dagegen Punkt nach V. 6).
Zum Konj. im Relativsatz s. Schröbler § 366 (ohne
Beleg für unsern Fall).

9–12 In die Schilderung des Gelobten Landes mischen
sich hier Wunder aus dem Zug durch die Wüste: Moses
schlägt Wasser aus dem Felsen (2. Mos. 17,3–6); Öl aus
dem Felsen (5. Mos. 32,13); Moses verwandelt bitteres
Wasser in süßes (2. Mos. 15,25); Mannaregen (2. Mos.
16).

12 *seide* = mhd. *sete*; zur *ei*-Schreibung s. zu 5,2.

15 ff. Die Bibel kennt nur *eine* Schwester Moses': Mirjam
(oder: Maria). Diese ereifert sich über Moses' Frau und
über seine Vorzugsstellung bei Gott. Sie wird mit Aus-
satz gestraft und wunderbar geheilt (4. Mos. 12).

17 *misilsuht:* Mhd. *misel* aus mlat. *misellus*, ‚bejammerns-
wert'. Vgl. auch Artikel ‚Aussatz' in: „Reallexikon der
Germanischen Altertumskunde", 2. Aufl. Bd. 1 (1973)
S. 505–508.

18 Moses wird *mitissimus super omnes homines* genannt
(4. Mos. 12,3).

25 *der* = *die er*; vgl. 27,5 *derde* = *diu erde* usw. Faßt man
der als Nom. Sing. Mask. auf, so unterstellt man, daß
Gott alle Menschen – nicht nur die Heiligen – unver-
züglich ins Paradies geleitet. Roediger und Tschirch
konjizieren – gegen die Intention des Abschnitts, der
die Parallele Moses–Anno und Mirjam–Volprecht heraus-
arbeitet – in Vers 24 *sînim* und beziehen *der* auf An-
no, was ebenfalls keinen rechten Sinn ergibt.

Materialien zum Annolied

I. Überlieferung und Nachwirkung

Bonaventura Vulcanius (1597)

Parallelüberlieferung zu *Annolied* 2,1–5,4. Text bei Vulcanius S. 61–64. Seit dem Erstdruck ist der Text nicht wieder abgedruckt worden. Die Einrückung einzelner Zeilen entspricht Vulcanius' Abdruck.

Habeo etiam eâdem lingua Rythmum vetustissimum, De vita S. Annonis Coloniensis Archiepiscopi, cuius initium tibi etiam Benigne Lector, communicabo. Neq. enim dubito quin etiam eius lectio, tametsi recentior esse videtur illâ quâ Cantica Canticorum est conscriptū, magnæ tibi & voluptati, & ad locupletandam vernaculam nostram linguam vtilitati sit futura.

> INDER werilde aneginne du licht ward
> vnde stimma.
>   Du diu vroue godishant, diu spechin werch
> geschuph so manigualt.
>   Du deiti god sini werch al in zuei, disi werlt
> ist daz eine deil.
> Daz ander ist geistin, danmiri lisit man daz
>   zua werilte sin
> Diu eine da wir inne birin, diu ander ist
>   geistin.
> Du gemengite der wise godes list
> Vanden zuein ein werch, daz der men-
>   nisch ist,
> Der beide ist, *corpus* vnte geist,
> Dannin ist her na dim engele aller meist.
> Alle geschaft ist in dem mennischen,
> So iz sagit daz Euangelium.
> Wir sulin vncir dritte werelde celin,
> So wir daz diu criechen horin redin.
> Edem selben erin ward gescaphin

Adam hauiter sich behaltin.
Du sich Lucifer duze vbile geuieng
   vut Adam diu Godes wort vbirgieng.
Du balch sigis got destimer, daz her andere
   sini werch sach rechte gen.
Den manen vnten sunnen,
   die gebin ire lich mit wunnen;
Die sterrin bihaltent ire vart,
   si geberent vrost vnte hizze so starc
Daz fuir hauit vfuert sinin zug,
   dunner vnte wint irin vlug,
Die wolken dragint den regin guz.
   nider wendint wasser irim vluz:
Mit blumm cierint sich diu lant,
   mit loube dekkit sich der walt.
Daz wilt hauit den sinen ganc,
   scone ist der vugelsanc.
Ein iuuelich ding din é noch hauit
   di emi got van erist virgab.
Ne were die zuei geschephte
   die her geschuph die bezziste.
Die virherten sic in diu dobeheit
   dannin hukin sic diu leiht.
Vnt ist wi der vient virspun den man
   zi scalke wolter vn hauin
So vurter cir helliu, die vunf werlt alle.
Vnze got gesante sinin sun, der irloste vns
   von den sunden.
Ce ofere wart her vur vns bracht
   de mi dode nam her sini macht.
Ce hellin vur her ane sunden,
   her herite si mit gewelde.
Der duuel virlos den sinin gewalt,
   wie wurdin al in vrie gezalt.
In der doufe wurde wir Christo man
   den heirrin sulin wir minnan.
Vp huf Christ sinis crucis vanin,
   die zueilf bodin hiz her in diu lant varin.
Vane himele gaf her vn die craft,
   daz si vberwunden diu heidenscapht. &c.

Exhinc declarat quibus regnis atque prouinciis singuli
Apostoli Christi Euangelium annunciarint. atque ita tan-
dem ad Annonem descendit, cuius vitam eleganter de-
scribit.

Kaiserchronik (begonnen um 1130/40?)

Bearbeitung von *Annolied* 11–30. Text nach der Ausgabe
von Schröder S. 84–93.

<pre>
           Die chuonen Rômære
        rewelten ainen hêrren,
        ain vermezzen helt,
250   von dem daz buoch michil tugent zelt.
        vil grôz lop si im sungen;
        si santen den helt jungen
        ze Dûtiscen landen.
        vil wol si inen erchanden:
255   er hêt ain stætigen muot,
        en allen wîs was er ein helt guot.
           Do enpfulhen Rômâre
        Jûlîô dem hêrren
        drîzech tûsint helede
260   mit guotem geserewe.
        Jûlîus der hêrre
        drîzec tûsent nam er selbe mêre,
        want er dâ vor was in Dûtiscen landen
        und er ir ellen wol rekande,
265   want er in ir haimilîche was.
        dô wesser wol, daz iz nehain frum was.
           Juljus was ain guot kneht:
        vil sciere was er gereht,
        und ander sîne holden
270   die mit im varen solden.
        er kêrte engegen Swâben;
        den tet er michel ungenâde.
        ze Swâben was dô gesezzen
        ain helt vil vermezzen,
</pre>

275   genant was er Prenne:
    er rait im mit her engegene.
       Daz buoch tuot uns kunt:
    er vaht mit im drîe stunt
    mit offenem strîte.
280   si sluogen wunden wîte,
    si frumten manigen bluotigen rant.
    die Swâbe werten wol ir lant,
    unz si Juljus mit minnen
    rebat ze aim teidinge.
285   ir lant si dâ gâben
    in sîne genâde.
    sîn gezelt hiez er slahen dô
    ûf ain berch der heizet Swêrô:
    von dem berge Swêrô
290   sint si alle gehaizen Swâbe,
    ain liut ze râte vollen guot,
    – si sint ouh redespæhe genuoc –,
    di sih diche des fur nâmen,
    daz si guote reken wæren,
295   wol vertic unt wol wîchaft.
    iedoh betwanc Juljus Cêsar alle ir chraft.
       Die Swâbe rieten Jûlîô,
    er kêrte ûf die Baire,
    dâ vil manich tegen inne saz.
300   Boimunt ir herzoge was,
    sîn pruoder hiez Ingram.
    vil sciere besanten si ir man,
    in kom an der stunt
    vil manic helt junc
305   mit halsperge unt mit prunne.
    si werten sih mit grimme,
    si vâhten mit im ain volcwîc:
    neweder ê noh sît
    gelac nie sô manic helt guot,
310   oder uns liegent diu haideniskon buoch.
    owî wie guote cnehte Baier wâren,
    daz ist in den haideniskon buochen mære.
    dâ liset man inne ‚Noricus ensis‘,
    daz kît ain swert Baierisc.

315 diu swert man dike durch den helm sluoc,
dem liute was sîn ellen vil guot.
  Diu geslähte der Baiere
her kômen von Armenje,
dâ Nôê ûz der arke gie
320 unt daz olzwî von der tûben enphie.
ir zaichen noch diu arka hât
ûf den bergen di dâ haizent Ararât.
den sig den Juljus an den Bairen gewan
den muoser mit pluote sêre geltan.
325   Der Sahsen grimmigez muot
tet im dô laides genuoc.
die liset man daz si wâran
des wunderlîchen Alexanders man,
der ze Babilonje sîn ende genam.
330 dô teilten sîn scaz vier sîne man,
die wolten wesen kunige.
die andern fuoren wîten irre after lante,
unz ir ain teil mit scefmenige
kômen ûf bî der Elbe,
335 dâ duo der site was
daz man diu micheln mezzer hiez sahs,
der di rechen manegez truogen,
dâ mit si di Duringe sluogen.
mit untriwe kômen si in aine sprâche:
340 die Sahsen den fride brâchen.
von den mezzern wassen
sint si noch gehaizen Sahsen.
  César begunde dô nâhen
zu sînen alten mâgen,
345 ze Franken den vil edelen.
ir biderben vorderen
kômen von Trôje der alten
di di Chrîchen zervalten.
  Ob ir iz gelouben wellent,
350 daz ih iu wil rehte zellen,
wi des herzogen Ulixes gesinde
ain cyclops vraz in Silcilje,
daz Ulixes mit spiezen wol rach,
do er slâfende im sîn ouge ûz stach.

355   sîn gesclähte dannoh
    was in dem walde alsô hôh
    sam die tanpoume.
    an der stirne habeten si vorne ain ouge.
    nû hât si got von uns vertriben hinnen
360   in daz gewälde enehalb Indîe.
       Trôjâni vuoren in dirre werlte
    vil wîten irre after lande,
    unz Elenus ain verherter man
    des kuonen Hectoris witewen genam,
365   mit der er ze Crîchen
    besaz sîner vîande rîche.
    Anthênor vuor dannen,
    duo Trôja was zergangen,
    er stiphte Mantowe
370   und ain ander haizet Padowe.
    Enêas ervaht Rômiskiu lant,
    da er ain sû mit drîzec wîzen jungen vant.
    Franko gesaz mit den sînen
    niden bî dem Rîne:
375   den Rîn hêt er vur daz mer.
    dâ wuohsen elliu Frenkisken her.
    diu wurden Cêsari undertân,
    iedoh was iz im harte sorcsam.
       Juljus worhte dô bî Rîne
380   die sedelhove sîne:
    Diuze ain stat guote,
    Bocbarte der ze huote;
    Andernâche ain stat guote,
    Ingelnhaim der ze huote;
385   Magenze ain stat guote,
    Oppenhaim ir ze huote.
    duo worhte der helt snel
    ingegen Magenze ain castel.
    ain bruke worht er dâ uber Rîn:
390   wi maht diu burch baz gezieret sîn?
    diu versanc sît in des Rînes grunde.
    daz chom von den sunden,
    daz Magenzâre nie nehaim ir hêrren
    mit triwen mite wâren.

[...]

455   Duo Juljus wider ze Rôme san,
si newolten sîn niht enphâhen,
si sprâchen, daz er durch sîn gail
ir heres hête verlorn ain michel tail,
unt daz er ze Dûtisken landen
460   ân ir urloup ze lange wære bestanden.
mit zorne er wider wante
ze Dûtiscem lante.
er sante nâh allen den hêrren
di in Dûtiscem rîche wâren,
465   er chlagete in allen sîne nôt,
er bôt in sîn golt rôt,
er sprach, swaz er in ze laide hête getân,
er wolte sis wol ergezzan.
    Do si vernâmen sînen willen,
470   duo samenten sih die snellen.
ûzer Gallîa unt ûzer Germanje
kômen scar manige
mit scînenden helmen,
mit vesten halspergen.
475   si laiten manigen scônen sciltes rant:
als ain fluot vuoren si ze Rôme in daz lant.
do iz Rômære gesâhen,
wie harte si erchômen!
do ervorht im vil manic man,
480   duo Juljus mit Tûtiscer rîterscephte sô hêrlîchen
                               chom
unt si sâhen scînen
die braiten scar sîne,
fan unte borten;
ir lîbes si harte vorhten.
485   Rigidus Câto und Pompêjus
die rûmten alle Rômisken hûs,
unt aller senâtus:
mit sorgen fluhen si dar ûz.
er vuor in nâch jagende,
490   vil wîten slahende.
Pompêjus flôh an daz mer,
er gewan daz aller chreftigest her

daz in der werlte ie dehain man
zu sîner helfe gewan.

495   Juljus strebet in engegene,
iedoh mit minre menige.
durh der Dûtiscen trôst
wie vast er in nâh zôh!
dâ wart daz hertiste volcwîc,

500 als daz buoch vor chît,
daz in disem mergarten
ie gefrumt mahte werden.
owî wi di sarringe chlungen,
dâ diu march zesamene sprungen!

505 herhorn duzzen,
peche pluotes fluzzen.
da belach manich braitiu scar
mit bluote berunnen alsô gar.
Jûlîus den sig nam,

510 Pompêjus chûme intran;
er flôh in Egipten lant:
dannen tet er niemer mêr widerwant.
Pompêjus reslagen lac,
Juljus Cêsar in sît rach.

515   Duo frouwete sih der junge man,
daz er diu rîche elliu under sih gewan.
er fuor dô mit michelem gewalte
wider ze Rôme swie er wolte.
Rômâre in dô wol enphiengen –

520 si begunden irrizen den hêrren.
daz vunden si im aller êrist ze êren,
want er aine habete den gewalt
der ê was getailet sô manicvalt.
den site hiez er ze êren

525 alle Dûtisce man lêren.
      In den zîten iz gescach

---

*Textprobe aus der Vorauer Handschrift (Ende 12. Jh.).
Opitz' Handschrift dürfte ähnlich ausgesehen haben. Die
Verse (Kaiserchronik V. 458–508) beruhen auf „Annolied"
Abschnitt 24–27.*

hete uil uerlorn .unt dal er ледutisken
landen .an ir urlôp ʒelange wære be
standen .mit ungenutte er wider
wanete .ʒedutisken lande .er sante
nah allen den herren .di in tiutiskem
riche waren. er chlagete inallen sine
not .er bot in sin gole rot .er sprach
fwal er in ʒelaide hete getan .er wol
te siʒ wol ergelten . O̧ ꞓ si uernamen
sinen willen .dô bekameten si sih mit
grimme .uber gallia unt uber germa
nia .komen scar manige .mit
scinden helmen .mit ueften
halsperge. si lauten manigen
steinen steiltes rant. als ain fluuʒ
uôren si ʒerome indal lant .do iʒ
romære gesahen ,wi harte si ercho
men .dŷ eruorht im uil manic man.
diŷ iulius mit tiutisker ritterschefte so
herlichen kom .unte si sahen seinen .
di braiten scar sine .sam unte borten .
ir lebenes si harte uorbiten. Rigiʒ .cato .
unt Pompeus di rûmten alle romisken
hus .unt aller senatus .mit sorgen flu
hen si dar uʒ .er uor in nah iagende .
uil wizzen slahende. Pompei floh an
dal mer, er gewan dal aller chreftigel
her. dal inder werlte ʒe dehain man .
uiʒ siner helfe gewan. Julius strebet
in al in negegene .ʒe dôh mit minre
menige. durh der tiutisken troit .wi
uast er innah ʒôh ,da wart dal her
uiʒe uolewie. als dal bûch uor chuit.
der indisem meingarten .ʒe geʒrumt
mahte werden. owi un dir sar inʒe chlungen .
da div march ʒesamene sprungen. her horn dûhhen .pacp
ir runnen .unt flußen .da belach uil manich
braittu scar. mit plute berunnen also

iulis fugaunt poꝑend + obiit romanam

dannen der wîssage Dânîêl dâ vor sprach,
daz der chunic Nabuchodonosor sîne troume sagete
die er gesehen habete.
530   wie vier winde
in dem mere vuoren vehtende
unt ûz dem mer giengen
vier tier wilde.
diu bezaichent vier chunige rîche,
535   die alle dise werlt solten begrîfen.
   Daz êrste tier was ain liebarte;
der vier arenvetech habete,
der bezaichinet den Chrîchisken Alexandrum,
der mit vier hern vuor after lande,
540   unz er der werlt ende rechande.
mit zwain grîfen
vuorter sich selben zuo den luften,
in einem glasevazze
liez er sich in daz mer fram.
545   nâch im wurfen sîn ungetrûwe man
die keten alsô fraissam.
si sprâchen: ‚nû dû gerne sihest wunder,
nû sizzi iemer an des meres grunde‘.
   Duo sah der wunderlîche man
550   ain tier vur sich gân
aines tages ze prîme
unz an den dritten tach ze nône,
daz was ein grôz wunder;
vil dike walzit iz umbe.
555   duo gedâhte der listege man,
ob er ze dem lîbe trôst solte hân.
mit sîn selbes pluote
daz scarfe mer er gruozte.
als diu fluot des pluotes enphant,
560   si warf in wider ûz an daz lant.
er kom wider in sîn rîche;
vil wol enphiengen in die Chrîchen.
vil manic wunder relait der selbe man,
ain dritteil er der werlte under sih gewan.
565   Daz ander tier was ain pere wilde,
der habete drîvalde zende.

der bezaichenet driu kunincrîche,
diu wider aim solten grîfen.
der pere was alsô fraissam:
570 von mensken sinne nemaht er niemer werden zam.
    Daz dritte ain fraislich eber was,
den tiurlîchen Juljum bezaichenet daz.
der selbe eber zehen horn truoc,
dâ mit er sîne vîande alle nider sluoc.
575 Juljus bedwanch elliu lant,
si dienten elliu sîner hant.
wol bezaichenet uns daz wilde swîn
daz daz rîche ze Rôme sol iemer frî sîn.
    Daz vierde tier was ain lewin,
580 iz hête mennisclîchen sin,
iz hête mennisken ougen unt munt:
sulhes tieres newart uns ê niht kunt.
im wuohs ain horn gegen dem himele,
die sternen vâhten im ingegene.
585 daz bezeichinet aver den Antichrist,
der noh in die werlt kunftich ist,
den got mit sîner gewelte
hin ze der helle sol senden.
der troum alsô regienc
590 als in der wîssage Dânîêl besciet.
    Juljus di triskamere ûf prach,
er vant dar inne michelen scaz.
er gebete Dûtisken holden
mit silber unt mit golde.
595 von diu wâren Dûtiske man
ze Rôme ie liep unt lobesam.
diu rîche er mit michelem gewalte habete
die wîle daz er lebete,
daz buoch saget uns vur wâr:
600 niewan fiunf jâr.
Rômâre in ungetrûwelîche sluogen,
sîn gebaine si ûf ain irmensûl begruoben.
    Alse Juljus wart erslagen,
Augustus daz rîche nâh im gewan,
605 von sîner swester was er geborn.
    [. . .]

Agrippâ wart duo gesant,
daz er ze Rîne berihte daz lant.
645 aine burch worhte dô der hêrre
Rômæren ze êren.
den namen gab er ir sâ:
er hiez si Agrippînâ,
Colonjâ ist si nû genant,
650 si zieret elliu Frenkiskiu lant.
Mezze stiphte ain sîn man
Mêtîus geheizan.
Triere was ain burch alt,
die zierte Rômære gewalt,
655 dannen si den wîn verre
santen under der erde
in stainen rinnen,
den hêrren al ze minnen
di ze Cholne wâren sedelhaft.
660 michel was der Rômære chraft.
Augustus der vil mære man –
Augustâ hât noh von im namen –
vil gewalteclîche beriht er Rôme.
jâ truoc er die corône,
665 daz saget daz buoch vur wâr,
sehs unde fiunfzic jâr,
drî mânode dar ubere.

II. Quellen und parallele Darstellungen[1]

Prophetia Danielis (2. Jh. v. Chr.)

Grundlage für *Annolied* 11–17. Text und Übersetzung nach
der Ausgabe von A. Arndt: *Die Heilige Schrift des Alten
und Neuen Testamentes. Mit dem Urtexte der Vulgata.*
Bd. 2. ⁴1907. S. 1116 ff. (Kap. 7,1–28).

1. Anno primo Baltassar regis Babylonis, Daniel somnium
vidit: visio autem capitis ejus in cubili suo: et somnium

1. Der ursprünglich beabsichtigte Paralleldruck von Text und Übersetzung
war in diesem Abschnitt leider nicht durchführbar.

scribens, brevi sermone comprehendit: summatimque perstringens, ait:

2. Videbam in visione mea nocte, et ecce quatuor venti cœli pugnabant in mari magno.

3. Et quatuor bestiæ grandes ascendebant de mari diversæ inter se.

4. Prima quasi leæna, et alas habebat aquilæ: aspiciebam donec evulsæ sunt alæ ejus, et sublata est de terra, et super pedes quasi homo stetit, et cor hominis datum est ei.

5. Et ecce bestia alia similis urso in parte stetit: et tres ordines erant in ore ejus, et in dentibus ejus, et sic dicebant ei: Surge, comede carnes plurimas.

6. Post hæc aspiciebam, et ecce alia quasi pardus, et alas habebat quasi avis, quatuor super se, et quatuor capita erant in bestia, et potestas data est ei.

7. Post hæc aspiciebam in visione noctis, et ecce bestia quarta terribilis, atque mirabilis, et fortis nimis, dentes ferreos habebat magnos, comedens atque comminuens, et reliqua pedibus suis conculcans, dissimilis autem erat ceteris bestiis, quas videram ante eam, et habebat cornua decem.

8. Considerabam cornua, et ecce cornu aliud parvulum ortum est de medio eorum: et tria de cornibus primis evulsa sunt a facie ejus: et ecce oculi, quasi oculi hominis erant in cornu isto, et os loquens ingentia.

9. Aspiciebam donec throni positi sunt, et antiquus dierum sedit: vestimentum ejus candidum quasi nix, et capilli capitis ejus quasi lana munda, thronus ejus flammæ ignis: rotæ ejus ignis accensus.

10. Fluvius igneus, rapidusque egrediebatur a facie ejus: millia millium ministrabant ei, et decies millies centena millia assistebant ei: judicium sedit, et libri aperti sunt.

11. Aspiciebam propter vocem sermonum grandium, quos cornu illud loquebatur: et vidi quoniam interfecta esset bestia, et perisset corpus ejus, et traditum esset ad comburendum igni:

12. Aliarum quoque bestiarum ablata esset potestas, et tempora vitæ constituta essent eis usque ad tempus, et tempus.

13. Aspiciebam ergo in visione noctis, et ecce cum nubibus

III.Pard.   NAch disem sahe ich/vnd sihe/Ein ander Thier/gleich einem Parden/Das hatte vier Flügel/wie ein Vogel/auff seinem rücken/vnd dasselbige Thier hatte vier Köpffe/Vnd jm ward gewalt gegeben.

IIII.Thier.   NAch disem sahe ich/in diesem Gesicht/in der nacht/Vnd sihe/das vierde Thier / war grewlich vnd schrecklich/vnd seer starck/ vnd hatte grosse eiserne Zeene / frass vmb sich vnd zumalmet/vnd das Vbrige zutrats mit seinen füssen/Es war auch viel anders/denn die vorigen/vnd hatte zehen Hörner.

Weltkarte mit Daniels Vision der vier Weltreiche. Holz-
schnitt des Monogrammisten MS von 1530; die vorliegende
Wiedergabe stammt aus Luthers Bibelausgabe von 1545. –
Luthers Vorrede zum Buch Daniel zeigt das Weiterwirken
der mittelalterlichen Auslegungstradition im 16. Jh.

cœli quasi filius hominis veniebat, et usque ad antiquum dierum pervenit: et in conspectu ejus obtulerunt eum.

14. Et dedit ei potestatem, et honorem, et regnum: et omnes populi, tribus, et linguæ ipsi servient: potestas ejus, potestas æterna, quæ non auferetur: et regnum ejus, quod non corrumpetur.

15. Horruit spiritus meus, ego Daniel territus sum in his, et visiones capitis mei conturbaverunt me:

16. Accessi ad unum de assistentibus, et veritatem quærebam ab eo de omnibus his. Qui dixit mihi interpretationem sermonum, et docuit me:

17. Hæ quatuor bestiæ magnæ: quatuor sunt regna, quæ consurgent de terra.

18. Suscipient autem regnum sancti Dei altissimi: et obtinebunt regnum usque in sæculum, et sæculum sæculorum.

19. Post hoc volui diligenter discere de bestia quarta, quæ erat dissimilis valde ab omnibus, et terribilis nimis: dentes et ungues ejus ferrei: comedebat, et comminuebat, et reliqua pedibus suis conculcabat:

20. Et de cornibus decem, quæ habebat in capite: et de alio, quod ortum fuerat, ante quod ceciderant tria cornua: et de cornu illo, quod habebat oculos, et os loquens grandia, et majus erat ceteris.

21. Aspiciebam, et ecce cornu illud faciebat bellum adversus sanctos, et prævalebat eis,

22. Donec venit antiquus dierum, et judicium dedit sanctis Excelsi, et tempus advenit, et regnum obtinuerunt sancti.

23. Et sic ait: Bestia quarta, regnum quartum erit in terra, quod majus erit omnibus regnis, et devorabit universam terram, et conculcabit, et comminuet eam.

24. Porro cornua decem ipsius regni, decem reges erunt: et alius consurget post eos, et ipse potentior erit prioribus, et tres reges humiliabit.

25. Et sermones contra Excelsum loquetur, et sanctos Altissimi conteret: et putabit quod possit mutare tempora, et leges, et tradentur in manu ejus usque ad tempus, et tempora, et dimidium temporis.

26. Et judicium sedebit ut auferatur potentia, et conteratur, et dispereat usque in finem.

27. Regnum autem, et potestas, et magnitudo regni, quæ

est subter omne cœlum, detur populo sanctorum Altissimi:
cujus regnum, regnum sempiternum est, et omnes reges
servient ei, et obedient.
28. Hucusque finis verbi. Ego Daniel multum cogitationibus
meis conturbabar, et facies mea mutata est in me: verbum
autem in corde meo conservavi.

1. Im ersten Jahre Baltassars, des Königs von Babylon,
hatte Daniel ein Traumgesicht, ein Gesicht seines Hauptes
auf seinem Lager, und er schrieb das Traumgesicht auf und
faßte es in wenige Worte zusammen und sprach es kurz
also aus:
2. Ich schaute des Nachts in meinem Traumgesichte, siehe,
da brachen die vier Winde des Himmels hervor und
kämpften gegen das große Meer.
3. Und vier gewaltige, voneinander verschiedene Tiere
stiegen aus dem Meere herauf.
4. Das erste glich einer Löwin und hatte Adlersflügel; ich
schaute, bis ihm die Flügel ausgerissen wurden, dann ward
es von der Erde aufgerichtet und stand auf seinen Füßen
wie ein Mensch, und ein Menschenherz ward ihm gege-
ben.
5. Und siehe, ein anderes Tier glich einem Bären und war
nach der einen Seite aufgerichtet, drei Rippen waren in
seinem Rachen zwischen seinen Zähnen, und es ward zu
ihm gesprochen: Auf und friß viel Fleisch!
6. Darnach schaute ich, siehe, da war ein anderes Tier gleich
einem Panther, das hatte auf seinem Rücken vier Flügel
wie ein Vogel, auch hatte das Tier vier Köpfe, und die
Herrschaft ward ihm gegeben.
7. Hiernach schaute ich in dem Nachtgesicht, siehe, ein
viertes Tier, fürchterlich und wunderbar und überaus
stark, es hatte große eiserne Zähne, fraß und zermalmte
und, was übrig blieb, zertrat es mit seinen Füßen; es war
auch den anderen Tieren, die ich zuvor gesehen, ungleich
und es hatte zehn Hörner.
8. Als ich nun die Hörner betrachtete, siehe, da wuchs
ein anderes kleines Horn zwischen ihnen hervor, das drei
von den ersten Hörnern abstieß; und siehe, an diesem

Horn waren Augen wie Menschenaugen und ein Maul, welches ungeheuerliche Dinge redete.

9. Solches sah ich, bis Throne aufgestellt wurden und der Hochbetagte sich niedersetzte, sein Kleid war weiß wie Schnee und das Haar seines Hauptes glich reiner Wolle, sein Thron waren Feuerflammen, die Räder des Thrones flammendes Feuer.

10. Ein reißender Feuerstrom flutete vor ihm her. Tausendmal Tausende dienten ihm und zehntausendmal Hunderttausende standen bereit, ihm zu dienen, und das Gericht ließ sich nieder, und die Bücher wurden aufgeschlagen.

11. Ich schaute wegen des Lärmens vermessener Reden, welche dieses Horn führte, und ich sah, daß das Tier getötet und sein Leib vernichtet und dem Feuer zum Verbrennen übergeben ward.

12. Auch den anderen Tieren ward die Gewalt entrissen, und ihre Lebensfrist ward ihnen auf Zeit und Stunde bestimmt.

13. Und ich schaute weiter im Nachtgesicht, siehe, da kam in den Wolken des Himmels einer einem Menschensohne ähnlich und gelangte bis zu dem Hochbetagten und ward vor ihn geführt.

14. Dieser gab ihm Macht und Ansehen und Herrschaft und das Reich, daß alle Völker, Geschlechter und Zungen ihm dienen müssen. Seine Macht ist eine ewige, die nicht vergeht, und sein Reich wird nicht zerstört werden.

15. Mein Geist erschrak, und ich, Daniel, entsetzte mich darüber, und die Gesichte meines Hauptes erschreckten mich.

16. Ich trat also zu einem von den Dastehenden und fragte ihn um sichere Auskunft über dies alles. Er sagte mir, was die Dinge bedeuten, und belehrte mich:

17. Die vier großen Tiere sind vier Reiche, welche auf Erden erstehen werden.

18. Aber die Heiligen Gottes, des Allerhöchsten, werden die Herrschaft erlangen und das Reich für und für in alle Ewigkeit besitzen.

19. Darnach begehrte ich, genau über das vierte Tier belehrt zu werden, welches von allen andern sehr verschieden

und überaus schrecklich war, das eiserne Zähne und Klauen hatte, das fraß und zermalmte und das, was übrigblieb, mit seinen Füßen zerstampfte,

20. und über die zehn Hörner, welche es auf dem Haupte hatte, und über das andere Horn, welches hervorbrach und vor dem drei Hörner abfielen; über jenes Horn, welches Augen hatte und ein Maul, das ungeheuerliche Dinge redete, das größer war als die anderen Hörner.

21. Ich schaute und siehe, jenes Horn führte Krieg wider die Heiligen und überwältigte sie,

22. bis der Hochbetagte kam und den Heiligen des Allerhöchsten Recht schaffte und die Zeit eintrat und die Heiligen die Herrschaft in Besitz nahmen.

23. Und er sprach also: Das vierte Tier wird ein viertes Reich auf Erden sein, größer als alle andern Reiche; es wird die ganze Erde fressen, zertreten und zermalmen.

24. Die zehn Hörner dieses Reiches sind zehn Könige, nach ihnen wird ein anderer aufstehen, der noch mächtiger sein wird als die früheren, und wird drei Könige niederwerfen.

25. Er wird Reden gegen den Allerhöchsten ausstoßen und die Heiligen des Allerhöchsten zu Boden treten und darauf sinnen, Zeiten und Gesetze ändern zu können, und sie werden bis auf eine Zeit und zwei Zeiten und die Hälfte einer Zeit in seine Hand gegeben sein.

26. Und das Gericht wird sich niederlassen, damit ihm die Gewalt entrissen und er zerschlagen und bis zu Ende vernichtet werde.

27. Dann wird die Herrschaft und die Macht und die Herrlichkeit der Herrschaft unter dem ganzen Himmel dem Volke der Heiligen des Allerhöchsten verliehen werden, sein Reich ist ein ewiges Reich, und alle Könige werden ihm dienen und gehorchen.

28. Hier war das Ende der Rede. Ich, Daniel, ward hierüber in meinen Gedanken sehr bestürzt und mein Aussehen veränderte sich, aber ich bewahrte die Rede in meinem Herzen.

Parallele zu *Annolied* 14/15. Text nach der Ausgabe von
Pfister S. 125–127. Übersetzung: E. N.

1. Et scripsit epistolam matri suae: „Olimpiadi dilect[a]e
matri gaudium. Quantum fecimus a principio usque dum
venissemus Asiam, significatum est tibi. Iterum notum sit
tibi, quantum fecimus inantea. A Babilonia cepi ire coadu-
nato populo meo numero centum milia.
2. Venimus ad columnas Eraclii. Invenimus columnas duas,
unam auream et aliam argenteam, habentem in longitudine
cubita duodecim et in latitudine cubita duo. Perforantes eas
invenimus eas ex auro. Penituit me, quod perforavi eas,
et clausi foramen illarum et posui ibi aurum pensante
solidos mille quingenti.
3. Movimus inde et ingressi sumus desertum; invenimus
loca frigida atque obscura, ut pene non agnosceremus nos.
Et exinde iteravimus septem dies et venimus ad fluvium
calidum invenimusque ibi mulieres Amazonas speciosas
nimis portantes [h]orrida vestimenta, tenentes argentea
arma in manibus et equitantes. [...]
4. Abinde venimus ad mare rubrum. Et erat ibi mons
altus; ascendimus eum et quasi essemus in celo.
5. Cogitavi cum amicis meis, ut instruerem tale ingenium,
quatenus ascenderem caelum et viderem, si est hoc cae-
lum, quod videmus. Preparavi ingenium, ubi sederem, et
apprehendi grifas atque ligui eas cum catenis, et posui
vectes ante eos et in summitate eorum cibaria illorum et
ceperunt ascendere celum. Divina quidem virtus obum-
brans eos deiecit ad terram longius ab exercitu meo iter
dierum decem in loco campestri et nullam lesionem susti-
nui in ipsis cancellis ferreis. Tantam altitudinem ascendi,
ut sicut area videbatur esse terra sub me. Mare autem ita
videbatur mihi sicut draco girans ea et cum forti angustia
iun[c]tus sum militibus meis. Videntes me exercitus meus
acclamaverunt laudantes me.
6. Venit iterum in cor meum, ut mensurarem fundum
maris. Feci venire astrologos et geometricos precipique
illis, ut construerent mihi vasculum, in quo valerem de-

scendere in profundum maris et perquirere ammirabiles
bestias, quae ibi habitant. *Illi dicebant hoc fieri non posse.*
‚Nisi tali modo: faciamus doleum olovitreum et ligetur
catenis et regant eum fortissimi milites.‘ Hoc audito
(Alexander) praecepi cito talia facere et tali modo per-
quisivi profundum maris. Vidi ibi diversas figuras pis-
cium atque ex diversis coloribus; vidi ibi et alias bestias
habentes imagines terrenarum besti[ar]um ambulantes
per fundum maris quasi quadrupedia. Veniebant usque ad
me et fugiebant. Vidi ibi et alias ammirabiles causas, quas
recitare non possum. Gaude, mi karissima mater.“

1. Und er schrieb seiner Mutter folgenden Brief: „Der
lieben Mutter Olympias wünsche ich Heil. Wie vieles wir
vom Anfang unserer Fahrt bis zu unserer Ankunft in
Asien getan haben, ist dir angezeigt worden. Abermals
soll dir nun kundgetan werden, was wir daraufhin un-
ternommen haben. Von Babylon brach ich auf mit meinen
vereinigten Truppen, 100 000 an der Zahl.
2. Wir kamen zu den Säulen des Herkules. Wir fanden
zwei Säulen, die eine golden, die andere silbern; sie ma-
ßen in der Länge zwölf, in der Breite zwei Ellen. Wir
durchbohrten sie und fanden, daß sie aus Gold waren.
Es reute mich, daß ich sie durchbohrt hatte, und ich schloß
die Öffnung und legte dort Gold nieder, nachdem ich 1500
Goldmünzen abgewogen hatte.
3. Wir brachen von dort auf und drangen in die Wüste
ein. Wir fanden kalte und dunkle Orte, so daß wir uns
kaum noch gegenseitig wahrnehmen konnten. Von dort
marschierten wir sieben Tage und kamen an einen warmen
Fluß. Wir fanden dort die Amazonen, sehr schöne Frauen,
die schmucklose Gewänder trugen, silberne Waffen in der
Hand hatten und zu Pferde saßen. [...]
4. Von dort kamen wir zum Roten Meer. Dort war ein
hoher Berg. Wir bestiegen ihn und waren so hoch, daß
wir fast im Himmel gewesen wären.
5. Ich überlegte mit meinen Freunden die Anfertigung
eines Geräts von solcher Art, daß ich zum Himmel auf-
steigen und sehen könnte, ob dies wirklich der Himmel

ist, was wir sehen. Ich bereitete ein Gerät vor, in welchem
ich sitzen konnte, und ich fing zwei Greifen und band sie
mit Ketten fest. Ich postierte Stangen vor ihnen und be-
festigte an deren Spitze Futter für sie; und sie begannen
zum Himmel hinaufzufliegen. Aber die göttliche Kraft
überschattete sie und stürzte sie hinab zur Erde, ziemlich
weit weg von meinem Heer – 10 Tagereisen weit – auf
ebenem Gelände. Ich trug keine Verletzung davon in den
eisernen Gittern. Bis zu einer solchen Höhe stieg ich em-
por, daß die Erde unter mir wie eine Tenne erschien. Das
Meer aber erschien mir so wie eine Schlange, die sie rings
umgab. Unter großen Schwierigkeiten kehrte ich zu meinen
Soldaten zurück. Als mein Heer mich sah, jubelte es mir zu
und pries mich.
6. Andererseits kam es mir in den Sinn, den Grund des
Meeres auszumessen. Ich ließ Sternkundige und Geometer
kommen und befahl ihnen, einen kleinen Behälter zu kon-
struieren, in welchem ich in die Tiefe des Meeres hinab-
steigen und die wunderbaren Tiere, die dort lebten, er-
forschen könnte. Jene sagten, das könne nicht geschehen.
‚Es sei denn auf folgende Weise: Wir wollen ein Faß ganz
aus Glas machen. Das soll an Ketten befestigt werden,
und die stärksten Soldaten sollen es dirigieren.‘ Als ich
das vernommen hatte, ließ ich rasch ein solches Faß her-
stellen, und auf diese Weise erforschte ich den Meeres-
grund. Ich sah dort Fische von verschiedenen Formen und
Farben. Ich sah dort auch andere Tiere, die aussahen wie
Landtiere und auf dem Meeresgrund einhergingen wie
Vierfüßler. Sie kamen bis zu mir und flohen dann. Ich
sah dort auch andere wunderbare Dinge, die ich nicht er-
zählen kann. Sei gegrüßt, liebste Mutter."

Vita Altmanni (1. Hälfte 12. Jh.)

Parallele zu (oder Übernahme von?) *Annolied* 21. Text nach
der Ausgabe von Wattenbach S. 229. Übersetzung: E. N.

1. Scripturus vitam et actus venerandi praesulis Altmanni,
non ingratum reor lectoribus fore, prius ortum Saxonicae

gentis breviter praelibare, de qua idem vir Domini cognoscitur originem duxisse. Gens itaque Saxonica de exercitu magni Alexandri traditur oriunda; post cuius mortem Ptolomeus et Antiochus et alii quamplures regnum inter se diviserunt, ac diuturnis bellis orbem longe lateque oppresserunt. Quaedam vero pars exercitus de gregariis militibus, quae superstes remansit, ingressa mare piraticam exercuit. Haec classi armis instructa cum valida manu ad Albim fluvium perveniens applicuit, terram Turingorum hostiliter invasit, habitatoribus occisis cuncta illorum bona diripuit, et omnia loca eorum usque ad montem, qui Ramisberc dicitur, usque in hodiernum diem perpetuo iure possedit. Hi homines longis cultellis ut hodie Sclavi pro gladiis utebantur, qui lingua eorum sáhs dicebantur, a quibus Sahsônes, non Sáxones appellantur. Qui viri strennui, nimis bellicosi, viribus et opibus inclyti, circumfusis gentibus saepius bellum intulerunt, suosque terminos usquequaque dilataverunt. Horum audaciam tandem Iulii Caesaris virtus armis perdomuit, ac Romanis tributarios fecit. Post cuius excessum ad pristinam ferociam reversi, Francorum regibus congressi, victores extiterunt, finesque eorum longo tempore gravi dominatione tenuerunt, usque quo magni Karoli strennuitas eos multis praeliis victos subegit [...].

Wenn ich im folgenden das Leben und die Taten des ehrwürdigen Bischofs Altmann beschreibe, so wird es, wie ich glaube, den Lesern nicht unangenehm sein, daß ich zunächst einiges über den Ursprung des Stammes der Sachsen vorausschicke, von dem dieser Mann Gottes bekanntlich abstammt. Der sächsische Stamm nahm seinen Ausgang – so wird überliefert – vom Heer des großen Alexander. Nach dessen Tod teilten Ptolemäus, Antiochus und sehr viele andere das Reich unter sich auf und bedrängten die Welt weit und breit durch langanhaltende Kriege. Ein Teil des Heeres aber – gemeine Soldaten –, der übrigblieb, ging aufs Meer und betrieb Seeräuberei. Dieser Teil kam mit einer bewaffneten Flotte und mit starker Macht zur Elbe und landete dort. Sie drangen feindlich ins

Land der Thüringer ein, töteten die Bewohner, raubten all
ihre Güter und nahmen all ihre Plätze bis zum Berge
Rammelsberg in Besitz, nach dauerndem Recht bis zum
heutigen Tag. Diese Leute benutzten (wie heute die Sla-
wen) anstelle der Schwerter lange Messer; in ihrer Spra-
che wurden diese ‚Sahs‘ genannt, wonach sie selber Sah-
sónen – nicht: Sáxonen – heißen. Diese tüchtigen und
überaus kriegerischen Männer, berühmt durch Kraft und
Stärke, führten öfters Krieg gegen die sie umgebenden
Stämme und erweiterten überall ihre Grenzen. Ihren Mut
bezähmte schließlich die Tapferkeit Julius Caesars mit
Waffengewalt und machte sie den Römern tributpflichtig.
Nach Caesars Tod kehrten sie zur früheren Wildheit zu-
rück; im Kampf mit den Königen der Franken blieben
sie siegreich und behaupteten ihr Gebiet lange Zeit mit
starker Herrschaft, bis Karls des Großen Tüchtigkeit sie in
vielen Kämpfen besiegte und unterwarf [...].

Lucan: *Bellum civile* (1. Jh. n. Chr.)

Anregung für *Annolied* 26/27. Text und Übersetzung nach
der Ausgabe von Ehlers S. 320–323. 330 f.

7,475   [...] tum stridulus aer
    elisus lituis conceptaque classica cornu,
    tunc ausae dare signa tubae, tunc aethera tendit
    extremique fragor convexa irrumpit Olympi,
    unde procul nubes, quo nulla tonitrua durant.
    excepit resonis clamorem vallibus Haemus
    Peliacisque dedit rursus geminare cavernis,
    Pindus agit fremitus Pangaeaque saxa resultant
    Oetaeaeque gemunt rupes vocesque furoris
    expavere sui tota tellure relatas. [...]

7,635   [...] sanguis ibi fluxit Achaeus,
    Ponticus, Assyrius: cunctos haerere cruores
    Romanus campisque vetat consistere torrens.
    maius ab hac acie quam quod sua saecula ferrent

volnus habent populi, plus est quam vita salusque,
quod perit: in totum mundi prosternimur aevum,
vincitur his gladiis omnis, quae serviet, aetas.

[...] Jetzt stießen Zinken schrille Töne aus und schmetterten
Hörner die Fanfare, jetzt wagten Trompeten ihr Signal
zu blasen, jetzt stieg Getöse gen Himmel und erscholl auf
dem höchsten Grat des Olymp, dem doch Sturmgewölk
fernbleibt, zu dem kein Donner reicht. Mit widerhallenden
Hängen nahmen die Balkanberge das Lärmen auf und
gaben es zu nochmaliger Verdoppelung an die Schlüfte des
Pelion weiter, der Pindos stöhnte, das Pangaiongestein warf
den Klang zurück, die Oitefelsen ächzten, und die Armeen
erschraken, als die Laute eines Wahnsinns, der allein der
ihrige war, rings im Lande Echo fanden. [...]

[...] hier floß das Blut von Griechenland, von Pontus, von
Assyrien, ja, der ganzen Welt gehörten die roten Lachen,
denen der Strom aus Römerleibern Stauung und Stillstand
im Gelände wehrte. Eine größere Wunde trägt die Nach-
welt von dieser Schlacht davon, als die ihr zugestandenen
Jahrhunderte verwinden könnten, und mehr als Leben und
Erhaltung geht zugrunde: wir sinken für alle Ewigkeit der
Welt zu Boden, jede Generation unterliegt diesen Schwer-
tern, und jede wird nun Knechtsdienst leisten.

Lampert von Hersfeld: *Annalen* (um 1078/79)

Wohl Grundlage für die verlorene ältere Vita Annonis, auf
der vermutlich *Annolied* 34–48 basiert. Text und Übersetz-
ung nach der Ausgabe von Schmidt/Fritz S. 328–341. Zi-
tate aus der Vulgata und anderen lateinischen Texten sind
vom Hrsg. kursiv gedruckt.

Annum hunc multis cladibus insignem potissimum lugu-
brem fecit obitus Annonis Coloniensis archiepiscopi, qui
post longam egrotationem, qua Dominus *vas electionis*

suae *in camino* tribulationis transitoriae purius *auro, purgatius mundo obrizo* decoxerat, II. Nonas Decembris, beato fine perfunctus, ad angelos ex hominibus, ad inmortalia ex mortalibus transmigravit. Testantur hoc signa et prodigia, quae quottidie circa sepulchrum eius Dominus ostendere dignatur ad confutandam impudentiam eorum, qui paulo ante vitam eius sanctissimam atque ab omni huius mundi labe quantum ad hominem integerrimam livido dente carpebant et *preciosam margaritam*, iam olim caelestis regis diademati destinatam, falsis rumoribus obfuscare conabantur.

Is in Babenbergensi aecclesia in ludo tam divinarum quam secularium litterarum enutritus, postquam adolevit, nulla commendatione maiorum — erat quippe loco mediocri natus, — sed sola sapientiae ac virtutis suae prerogativa imperatori Heinrico innotuit. A quo in palacium assumptus brevi apud eum pre omnibus clericis, qui in foribus palacii excubabant, primum gratiae et familiaritatis gradum obtinuit, hoc precipue diligentibus in eo omnibus bonis, quod iusti ac recti admodum tenax erat atque in omnibus causis pro suo tum statu, non adulando ut caeteri, sed cum magna libertate obloquendo iusticiae patrocinabatur. Erat autem preter virtutes animi et morum gloriam corporis quoque bonis ornatissimus, statura procerus, vultu decorus, lingua promptus, vigiliarum et inediae pacientissimus, postremo ad omne boni operis exercicium naturae muneribus affatim instructus. Exactis in palacio haud multis annis, magna imperatoris, magna omnium qui eum noverant expectatione adeptus est Coloniensem archiepiscopatum, atque ita deinceps in omnibus tam aecclesiasticis quam rei publicae negociis haud imparem se acceptae dignitati gerebat, et sicut edicioris loci insignibus, ita cunctis virtutum generibus inter caeteros regni principes conspicuus incedebat. *Reddebat* sollicitus *quae sunt cesaris cesari et quae sunt Dei Deo*, quia Coloniensis nominis maiestatem et secularem pompam ambiciosius pene quam aliquis ex precessoribus eius ostentabat ad populum, nec propterea tamen invictum inter tantas occupationum procellas spiritum unquam relaxabat a studio divinarum rerum. Crebris ieiuniis corpus suum macerabat et in servitutem redigebat.

Pernoctabat plerumque in orationibus et per aecclesias, *uno tantum puero contentus comite,* nudis pedibus discurrebat. Et diem quidem in disponendis privatis seu publicis negociis, noctem vero totam in opere Dei expendebat. Multa illius in pauperes, in peregrinos, in clericos, in monachos benignitas, mira liberalitas erat. Nullam intra diocesim suam congregacionem pretermisit, quam non prediis, aedificiis, stipendiis, sua specialiter donatione auctam vita decendens relinqueret. Et plane apud omnes indubia fide constitit, ex quo Colonia fundata est, unius nunquam episcopi studio tantum opes et gloriam crevisse Coloniensis aecclesiae. In iudicandis causis subditorum nec odio nec gratia cuiusquam a vero abducebatur, sed semper in omnibus propositam indeclinabiliter sequens equitatis lineam, ad evertendum *iudicium nec accipiebat personam pauperis nec honorabat vultum potentis.* Tum vero verbum Dei ita luculente, ita magnifice disserebat, ut saxeis etiam cordibus sermo eius lacrimas excutere posse videretur, et semper ad exhortationem eius planctu et ululatu compunctae multitudinis aecclesia tota resonaret.

Duas Coloniae congregaciones clericorum ex integro propriis impensis instituit, unam in loco qui dicitur ad Gradus titulo sanctae Mariae, alteram foras murum titulo sancti Georgii martiris. Tres etiam congregaciones monachorum diversis in locis ex suo construxit, unam in monte qui a preterfluente fluvio cognominatur Sigeberg, aliam in regione Sclavorum, in loco qui dicitur Salefelt, terciam in regione Westfaal, in loco qui dicitur Grascaf; quas omnes et augustissimis aedificiis excoluit et exquisitissimis aecclesiae ornamentis illustravit et amplissimis atque in multorum fratrum usus sufficientibus prediis locupletavit. Cumque in omnibus Teutonici regni monasteriis cerneret antiquum illum regularis disciplinae fervorem admodum refrixisse et monachos a vita communi ad rem familiarem curam omnem studiumque convertisse, gravi tedio angebatur animus eius, quod ingentibus expensis nihil Deo dignum confecturus putaretur.

Interea contigit, ut pro causa rei publicae Romam pergeret. Cumque aliquas Italiae regiones peragraret, principes eius regni, ne a rege deficerent, suis exhortationibus confortaturus, ad monasterium quoddam, cui Fructuaria nomen est, causa orationis divertit. Ibi admiratus monachorum artissimam et secundum regulae instituta conversationem, nonnullos eorum in opere Dei probatissimos secum rediens abduxit et eos ad tradendam Galliis eiusdem disciplinae formulam in Sigeberg constituit, prioribus monachis, quos ex Sancto Maximino asciverat, quoniam in horum instituta concedere noluerant, honorifice in locum suum remissis. Quod eius factum imitati caeteri Galliarum episcopi, alii ex Gorzia, alii ex Cloniaca, alii ex Sigeberg, alii ex aliis monasteriis monachos evocantes, novam divini servicii scolam in suis singuli monasteriis instituerunt; adeoque brevi convaluit felicis huius facti emulatio, ut pauca intra Galliam monasteria videamus, quae non iam novae huius institutionis iugum subacta receperint.

Ipse vero monachos suos, iuxta quod in Fructuaria compererat, cernens artissimis vivere disciplinis et conversationis eorum opinione longe lateque vulgata multos ad mundi contemptum inflammari et eorum magisterio se in via Dei erudiendos tradere, magnas Deo gratias referebat, quod *non confudisset eum ab expectatione sua.* Omnem quoque diligentiam adhibebat, ne quam earum rerum, quibus corporis imbecillitati consulendum sit, penuriam sustinerent. Honorabat ac venerabatur eos ut dominos suos, nec solum abbati, sed decanis etiam monasterii ita subditus dictoque obtemperans erat, ut ad primum eorum imperium, quantumlibet gravibus publicae seu privatae rei negociis implicitus teneretur, ilico exoccupatis manibus surgeret et omne quod iussissent instar vilis mancipii exequeretur. Cibos summa industria confectos quottidie, dum adesse potuisset, ipse eis inferebat, ipse apponebat, ipse potum miscebat, ipse reficientibus ad omne obsequium quolibet famulo promptior paratiorque assistebat. Silentium quoque ac caeteras monasterii consuetudines, dum inter eos diversaretur, ita attentus sollicitusque servabat, acsi pro excessibus suis ipse quoque quottidie in capitulo eorum causam dicturus et sententiam accepturus foret. Hoc eius in Sigeberg, hoc in Salefelt, hoc in Grascaf studium, haec institutio erat.

Porro a rege gravissimis sepenumero inimiciciis dissidebat

et eum acerrimis increpationibus obiurgabat propter multa,
quae preter equum et bonum eius iussu vel permissu quot-
tidie admittebantur in re publica. Unde rex plerumque
efferatus omnia quae illius erant ferro et igne demoliturum se
comminabatur, plerumque autem supplex ei factus amplis-
simis promissionibus iratum demulcebat et tam sui quam
tocius regni ius potestatemque ei se facturum pollicebatur,
si modo fidum eum sibi nec adeo cunctis voluntatibus suis
adversum experiretur. Ad haec ille in cunctis aiebat, quae
recte et iuxta regiam magnificentiam conaretur, nusquam
ei defuturam esse operam suam. Si quid vero perperam et
contra leges ac scita maiorum, nequam hominum suggestio-
nibus depravatus, agere vellet, ut his consensum auctori-
tatemque suam accommodaret, nullo se vel precio redimi
vel terrore compelli posse. Et nunc quidem in summam
familiaritatem et pene in regni consortium a rege assume-
batur, nunc vero, quoniam ea quae in regno perperam
gerebantur vehementer detestaretur et acerrime impugna-
ret, cum contumelia de palacio eiciebatur, et ad extinguen-
dum omnino nomen eius totum regni robur concitabatur.
His vicissitudinibus per plures annos eius concertatio cum
rege trahebatur. Neque enim lasciviae regis vel racio mo-
dum faciebat vel aetatis accessus vel amici cuiusquam obiur-
gatio, sed quottidie se ipso deterior efficiebatur, et ruptis
omnibus humani, ne dicam christiani, pudoris frenis, in
omne quod animus suggessisset flagicium precipitanter
ruebat; et oppressis iam terrore principibus, nullus erat,
qui peccantem et divina atque humana omnia absque dis-
crimine permiscentem vel levi verbo auderet redarguere.
Ad ultimum considerans archiepiscopus completam esse
maliciam eius et obstinatum in malis ingenium nec tem-
pore iam corrigi posse nec racione, anno pene ante exor-
tum bellum Saxonicum petiit vacationem deinceps sibi
dari ab exterioribus rei publicae negociis; et sic impetrato
commeatu, in Sigebergense monasterium secedens, illic in
vigiliis et ieiuniis, in orationibus et elemosinis quod super-
erat aetatis exigebat; nec inde uspiam, nisi summa forte ac
inevitabili necessitate extractus, abscedebat. Caetera, quae
circa rei publicae administrationem vel egit vel passus est,
si quis plenius scire voluerit, superiora libelli huius revol-

vat, et singula eo quo gesta sunt ordine et tempore copiose descripta inveniet.

Sed pius Dominus, *qui quos amat arguit et castigat*, hanc quoque dilectam sibi animam ante diem vocationis suae multis temptari permisit incommodis, ut scilicet ab eo omnem *scoriam* terrenae conversationis *excoqueret* caminus transitoriae tribulationis. Primum moto bello Saxonico fratrem eius Wecel Magadaburgensem archiepiscopum et consobrinum eius Bucconem Halberstadensem episcopum tempestas involvit gravissimae persecutionis. Contra hos cum non satis impigre regi tocius Saxonicae gentis exterminium anhelanti opem ferret, naturae profecto legibus et carnali affectione inhibitus, invisus ei suspectusque efficitur, periurii ac perfidiae insimulatur, cives Colonienses, quibus paulo ante unice carus acceptusque fuerat, ad interficiendum eum donis ac promissionibus sollicitantur. Sopito utcumque hoc malo, duo ministri eius, qui in laribus eius familiarissime obversabantur, insidias ei tendunt, et nisi Dei misericordia malum hoc prevertisset, nihil tale suspicantem trucidassent. Alii cuidam, quem beneficiis suis maxime fidum sibi obnoxiumque fecerat, familiares litteras, a seipso in tabulis propter maiorem secreti cautelam conscriptas, dedit episcopo Halberstadensi perferendas, quibus nepotem suum, tantis undique adversitatum procellis iactatum et pene naufragantem, consolaretur et instrueret. At ille ex ipsa tam operosa secreti communitione coniciens aliquid regi reique publicae adversum his litteris contineri, regi eas detulit. Quas ille deinceps in argumentum lesae fidei archiepiscopo improperans, necem ei et omnibus quae eius essent ultimum, si copia fieret, exterminium machinabatur. Item alius quidam ex ministris eius, quem Coloniensi aecclesiae propria industria ipse adquisierat, quemque ob hoc indulgentissimo semper affectu coluerat et bonis omnibus, etiam supra natales suos locupletaverat, repente insolentia servili elatus iugum aecclesiasticae servitutis cepit detractare seque in libertatem violento quodam iure fori cum magna archiepiscopi contumelia asseruit.

Tum vero crebris mortibus carorum suorum ita *amaricatus est et vulnere concisus super vulnus*, ut saxeum quoque pectus et *supra petram fundatum* aedificium concutere

posset tam vehemens ille turbo temptationis. Ad ultimum
data *Satanae* in carnem quoque eius potestate, *ulcere pes-
simo percussus est* in utroque pede, ita ut putrescentes pau-
latim carnes defluerent, et hinc inde abducta cute, con-
sumptis carnibus, fedo aspectu ossa nudarentur. Qui mor-
bus primo pedes, dein crura et femora miserabili modo
depastus est, ac sic post diuturnam macerationem pene-
trans ad vitalia, animam super *argentum igne examinatum
probatam et purgatam septuplum* de hac *domo lutea*
transmisit ad *domum non manu factam*, aeternam in caelis.
De qua re dimidio fere anno, priusquam vita excederet,
certum eum fecerat manifesta revelatio. Visus est enim
sibi domum quandam, omni decore intus et foris resplen-
dentem, intrare. Et ecce in subselliis iudicialibus tamquam
ad concilium solemniter evocati residebant Heriberdus
Coloniensis archiepiscopus, Bardo Mogontinus archiepisco-
pus, Boppo et Eberhardus Treverenses archiepiscopi, Ar-
nolfus Wormaciensis episcopus et alii quamplures Gallia-
rum episcopi, quorum alios ipse in carne noverat, alios
fama tantum vel lectione compererat, *amicti* omnes *stolis*
pontificalibus et habentes vestem *instar nivis* candidam.
Ipse quoque candidis admodum ac preciosis indutus sibi
videbatur, sed partem candentis vestimenti, eam scilicet,
qua pectus tegebatur, sordida quaedam ac feda caligo ob-
duxerat ac caeterum cultus eius splendorem sua feditate
plurimum obfuscabat; quam tamen ipse nimio rubore per-
fusus obiecta manu tegere ac celare, ne inspicientium offen-
deret obtutum, conabatur. Videt preterea inter eos sibi
quoque sedem miri decoris paratam. Quam cum occupare
gaudio et exultatione aestuans properaret, surgens Ar-
nolfus Wormaciensis episcopus modesta voce eum prohi-
buit, dicens reverendos patres, qui assiderent, nolle eum
in suum admittere consessum, propterea quod vestem eius
turpis haec macula fedaret. Cumque iussus loco cedere
flens confectoque nimium animo egrederetur, insecutus
eum idem episcopus: ‚Equo animo', ait, ‚esto, pater. Macu-
lam tantum hanc, quae vestem tuam infecit, maturius
ablui precipe, quia non post multos dies beatae huius
mansionis consortium et sanctorum patrum, quos aspexisti,
consessum voti compos percipies'. Mane facto, cum fa-

miliari cuidam suo visionem retulisset, ille sapienter rem
coniciens: ,Macula', inquit, ,haec vesti tuae illita nihil
aliud est, pater, ut estimo, quam memoria iniuriae civium
tuorum, qui te anno superiore Colonia expulerunt, quibus
te divinae pietatis respectu iam olim oportuerat admissi
huius veniam dedisse. Haec, quod bona venia dixerim,
pectori tuo tenacius quam equum sit insidens et amarissimo
merore contra fas mentem tuam decoquens, caeteram sanc-
tissimae conversationis tuae claritatem molesta quadam
caligine obducit et obscurat'. Archiepiscopus conscientiae
suae testimonio convictus, ne inficiaretur quod audiebat,
reatum suum humiliter agnovit, statimque destinatis cir-
cumquaque nunciis cives omnes Coloniae, quos in ultionem
iniuriae suae excommunicatos urbe fugaverat, ad se evo-
cavit, eisque proxima festivitate paschali – nam in quadra-
gesima visionem viderat – non solum communionem aec-
clesiasticam, sed etiam bona sua omnia, quae direpta
fuerant, benignissime restituit. Sic gravis illa tempestas,
quae spiritu diabolico suscitata totam concusserat Colo-
niam, conquievit; pater filios, filii patrem recognoverunt;
archiepiscopus amaritudine, populus metu et sollicitudine,
civitas liberata est et solitudine.

Archiepiscopus iam a principio sepulturam sibi providerat
Coloniae in aecclesia beatae Mariae quae dicitur ad Gra-
dus. Postmodum offensus temeritate Coloniensium, qua in
eum inaudita rabie debachati fuerant, non modo animum,
sed corpus quoque suum de Colonia in Sigeberg trans-
ferendum censuit, ibique sepeliri se omni modo definivit.
Cumque appropinquante die vocationis suae Coloniae
egrotaret, iamque in extremo spiritu constitutus animad-
verteret populum Coloniensem graviter nimis ferre, quod
tam desiderabili thesauro defraudandus esset, paululum
resumpto spiritu in lecto consedit, acceptaque stola ponti-
ficali, ut videlicet verbis plus inesset auctoritatis, familia-
res suos sub testificatione nominis divini adiuravit, ne
alibi eum quam in Sigeberg poni sinerent. Factum est ergo
quod iusserat. Defunctus enim post modicum gloria ingenti,
magno cleri et plebis studio, summo matronarum Colo-
niensium luctu in Sigeberg delatus atque in medio aeccle-

siae sepultus est. Ubi quottidie per eius interventum fideliter postulantibus multa prestantur divinae opitulationis beneficia.

Dieses durch viele Unglücksschläge ausgezeichnete Jahr machte vor allem zu einem Trauerjahr der Tod des Erzbischofs Anno von Köln: er war nach langer Krankheit, durch die der Herr sein auserwähltes Rüstzeug im Ofen irdischer Qual reiner als Gold, lauterer als Feingold ausgekocht hatte, am 4. Dezember eines seligen Todes verschieden und von den Menschen zu den Engeln, aus der Sterblichkeit in die Unverweslichkeit hinübergewandert. Des sind Zeugen die Zeichen und Wunder, die der Herr täglich an seinem Grabe zu zeigen geruht, um die Unverschämtheit derer zu widerlegen, die noch kurz vorher sein hochheiliges und, soweit menschenmöglich, von aller Verderbnis dieser Welt vollkommen unbeflecktes Leben mit dem Zahn der Mißgunst benagten und die köstliche Perle, schon längst für das Diadem des himmlischen Königs bestimmt, durch falsche Gerüchte zu verdunkeln suchten.
Er war in der Schule der Bamberger Kirche in göttlicher und weltlicher Wissenschaft unterrichtet worden; herangewachsen, war er dem Kaiser Heinrich aufgefallen, nicht weil ihn seine Herkunft empfahl – er war nur von mittlerem Stand –, sondern nur durch seine überragende Klugheit und Tugend. Nachdem er dann vom Kaiser in die Pfalz aufgenommen worden war, nahm er bei ihm in kurzem vor allen Klerikern, die am Hofe Dienst taten, in seiner Gunst und im vertrauten Umgang den ersten Rang ein, und er war bei allen Guten vor allem deshalb geschätzt, weil er unbeugsam an Recht und Redlichkeit festhielt und in allen Rechtssachen, soweit es ihm seine Stellung damals erlaubte, bei der Verteidigung des Rechts nicht wie die andern um Gunst buhlte, sondern mit großem Freimut widersprach. Er zeichnete sich aber außer durch Geistesgaben und Sittenreinheit auch durch körperliche Vorzüge aus: er war von hohem, schlankem Wuchs, sein Antlitz war schön, er war redegewandt und im Ertragen von Nachtwachen und Fasten äußerst ausdauernd, kurz,

er war zur Ausführung aller guten Werke mit natürlichen
Gaben reich ausgestattet. Nachdem er nur wenige Jahre
am Hof zugebracht hatte, bekam er das Erzbistum Köln,
begleitet von hohen Erwartungen des Kaisers und aller,
die ihn kannten; er zeigte sich dann auch in allen kirch-
lichen und staatlichen Angelegenheiten dem empfangenen
Amt völlig gewachsen, und er schritt unter den Fürsten
des Reiches einher hervorstrahlend wie durch die Abzeichen
seiner hohen Würde, so auch durch Tugenden jeder Art.
Er gab gewissenhaft, was des Kaisers ist, dem Kaiser und
Gott, was Gottes ist, denn er prunkte mit dem ehrwürdi-
gen Namen und der weltlichen Pracht Kölns fast stolzer
als irgendeiner seiner Vorgänger, aber deswegen gönnte er
doch niemals seinem in dem gewaltigen Andrang der Ge-
schäfte nie ermattenden Geist ein Nachlassen in der eifrigen
Beschäftigung mit religiösen Dingen. Durch häufiges Fasten
tötete er seinen Leib ab und machte ihn sich untertan. Oft
durchwachte er die Nächte im Gebet und schritt barfuß
durch alle Kirchen, sich nur mit einem Knaben als Be-
gleiter begnügend. Den Tag widmete er der Erledigung pri-
vater oder amtlicher Geschäfte, die ganze Nacht aber dem
Gottesdienst. Groß war seine Güte gegen Arme, gegen
Pilger, gegen Geistliche und gegen Mönche, bewundernswert
seine Freigebigkeit. Keine Kongregation seiner Diözese
überging er bei seinem Hinscheiden, jede hinterließ er be-
reichert durch Güter, Bauwerke, Unterstützungen oder
eine besondere Schenkung. Und es galt bei allen als un-
zweifelhaft feststehend, daß niemals seit Gründung Kölns
durch eines einzigen Bischofs Tätigkeit der Reichtum und
der Ruhm der Kölner Kirche in solchem Maße gesteigert
worden sei. Bei der Urteilsfällung in Sachen seiner Unter-
tanen ließ er sich weder durch Haß noch durch Gunst gegen
irgend jemand vom rechten Wege ablenken, sondern hielt
sich in allen Fällen stets unabänderlich an die ihm vor-
schwebende Richtschnur der Gerechtigkeit, weder zog er
den Armen vor, noch ehrte er den Mächtigen, um das
Recht zu beugen. Vollends aber predigte er das Wort
Gottes so eindrucksvoll, so herrlich, daß seine Predigt selbst
Herzen von Stein Tränen entlocken zu können schien und
bei seiner Ermahnung immer die ganze Kirche vom Weh-

klagen und Jammern der zerknirschten Gemeinde wider-
hallte.
In Köln richtete er aus eignen Mitteln zwei Stifte für
Kleriker ein, das eine zu St. Marien an einem Platze na-
mens „Zur Stiege", das andere außerhalb der Stadt zu
Ehren des hl. Märtyrers Georg. Auch drei Mönchsklöster
erbaute er auf eigne Kosten an verschiedenen Orten, das
eine auf einem Berge, der nach dem daran vorbeifließen-
den Fluß Siegberg heißt, das zweite im Slavenland an
einem Ort mit Namen Saalfeld und das dritte in West-
falen an einem Ort, der Grafschaft heißt; sie alle stattete
er mit prachtvollen Bauwerken aus, schmückte die Kirchen
mit den ausgezeichnetsten Kunstwerken und begabte sie
mit ausgedehnten, für die Bedürfnisse vieler Brüder aus-
reichenden Gütern. Und da er sah, daß in sämtlichen
Klöstern des deutschen Reichs die frühere leidenschaftliche
Pflege der Klosterzucht erkaltet war und daß die Mön-
che all ihr Sinnen und Trachten vom gemeinsamen Leben
abgewendet und auf eignes Vermögen gerichtet hatten,
ängstigte ihn die schwere Sorge, man möchte meinen, daß
er mit diesem ungeheuren Aufwand doch nichts vollbringen
werde, was Gottes würdig wäre.
Da traf es sich, daß er in einer Reichsangelegenheit nach
Rom ging. Als er nun durch einige Landschaften Italiens
zog, um die Fürsten des Landes darin zu bestärken, daß
sie nicht vom König abfielen, da kehrte er zum Beten in
einem Kloster mit Namen Fruttuaria ein. Hier bewunderte
er der Mönche asketisches, der Regel entsprechendes Leben
und nahm auf der Rückreise einige von ihnen, die sich
im Dienste Gottes am besten bewährt hatten, mit und
brachte sie nach Siegburg, um den gallischen Landen damit
ein Muster dieser Zucht zu bieten, die bisherigen Mönche
aber, die er aus St. Maximin geholt hatte, schickte er mit
Ehren in ihr Kloster zurück, weil sie sich nicht in deren
Neuerungen fügen wollten. Dieses Vorbild ahmten andere
gallische Bischöfe nach; sie beriefen Mönche teils aus
Gorze, teils aus Cluny, teils aus Siegburg oder anderen
Klöstern und richteten in den einzelnen Klöstern neue
Schulen des göttlichen Dienstes ein, und so starke Nach-
ahmung fand in kurzem diese segensreiche Tat, daß wir

heute nur noch wenige Klöster in Gallien finden, die nicht schon das Joch dieser neuen Lebensweise auf sich genommen haben.

Als er nun sah, daß seine Mönche so, wie er es in Fruttuaria kennengelernt hatte, in strengster Zucht lebten und wie durch den sich weithin ausbreitenden Ruf ihres Wandels viele zur Verachtung der Welt begeistert wurden und sich ihrer Lehre zur Unterweisung auf Gottes Weg übergaben, da dankte er Gott innig dafür, daß er ihn in seiner Hoffnung nicht hatte zuschanden werden lassen. Er bemühte sich auch mit allem Eifer darum, daß sie an nichts Mangel litten, was zur Abwehr körperlicher Schwäche nötig ist. Er achtete und ehrte sie wie seine Herren, und nicht nur dem Abt, sondern auch den Dekanen gegenüber war er so unterwürfig und aufs Wort gehorsam, daß er, mochte er noch so sehr durch private oder politische Geschäfte gefesselt sein, auf ihren ersten Befehl hin diese Beschäftigung sofort aus der Hand legte und aufstand und wie ein gemeiner Knecht alles ausführte, was sie befahlen. Sooft er anwesend sein konnte, trug er ihnen die mit größter Sorgfalt zubereiteten Speisen selber auf, legte sie ihnen selber vor, mischte ihnen selber den Trank, und er selber stand ihnen während der Mahlzeit williger und eifriger als irgendein Aufwärter für jeden Dienst zur Verfügung. Auch das Stillschweigen und jede andere klösterliche Gewohnheit wahrte er, wenn er unter ihnen weilte, so peinlich genau, als ob er sich täglich für seine Übertretungen im Kapitel zu verantworten und sein Urteil zu empfangen hätte. Dies war sein Benehmen, dies sein Verhalten in Siegburg, in Saalfeld, in Grafschaft.

Mit dem König aber entzweite ihn oft die erbittertste Feindschaft, und er machte ihm die schwersten Vorwürfe wegen zahlreicher politischer Maßnahmen, die auf seinen Befehl oder mit seiner Einwilligung täglich wider Recht und Billigkeit erfolgten. Daher drohte der König oft in höchster Wut, er werde seinen gesamten Besitz mit Feuer und Schwert vernichten, oft aber beschwichtigte er auch den Zürnenden durch große Versprechungen und stellte ihm in Aussicht, ihm die volle Verfügungsgewalt über seine Person wie über das ganze Reich zu übertragen, wenn er ihn nur als treu und nicht so scharfen Gegner all seiner Wünsche erfinde. Darauf erwiderte Anno, bei allen dem Recht und der königlichen Würde entsprechenden Maßnahmen werde er ihm seinen Dienst niemals versagen. Wenn er sich aber durch Einflüsterungen ruchloser Menschen zu schlimmen, gegen die Gesetze und Satzungen der Vorfahren verstoßenden Handlungen verleiten lasse, so werde man ihm seine Zustimmung und seine Ermächtigung dazu um keinen Preis abkaufen, durch keine Drohung abtrotzen. So wurde er vom König bald zum vertrauten Ratgeber, ja fast zum Mitregenten angenommen, bald aber, weil er verwerfliche politische Maßnahmen heftig mißbilligte und aufs schärfste bekämpfte, mit Schande vom Hofe verbannt, und dann wurde die gesamte Macht des Reichs aufgeboten, um seinen Namen gänzlich auszutilgen. In solchem Wechsel zog sich sein Streit mit dem König viele Jahre hin. Denn der Zügellosigkeit des Königs setzte weder die Vernunft ein Ziel noch sein zunehmendes Alter, noch der Tadel irgendeines Freundes, er wurde vielmehr von Tag zu Tag schlechter, zerriß alle Bande menschlicher, um nicht zu sagen, christlicher Scheu und stürzte sich Hals über Kopf in jedes Verbrechen, das ihm in den Sinn kam; und da nunmehr die Fürsten durch Angst in Fesseln geschlagen waren, gab es niemanden mehr, der ihn auch nur mit dem leisesten Wörtchen zu tadeln wagte, wenn er Verbrechen beging und allen Glauben an göttliche und menschliche Gebote unterschiedslos in Verwirrung brachte.

Als schließlich der Erzbischof erkannte, daß das Maß seiner Verderbtheit voll war und sein im Bösen verhärteter Sinn weder durch die Zeit noch durch die Vernunft gebessert werden konnte, bat er ungefähr ein Jahr vor dem Ausbruch des Sachsenkrieges für die Zukunft um Befreiung von den äußeren Staatsgeschäften, und als er daraufhin seinen Abschied erhielt, zog er sich in das Kloster Siegburg zurück und verbrachte dort den Rest seines Lebens mit Nachtwachen und Fasten, mit Beten und Almosenspenden und verließ es nur noch, wenn ihn eine dringende, unumgängliche Notwendigkeit dazu zwang. Wenn jemand genauer erfahren möchte, was er sonst noch hinsichtlich der Verwaltung des Reichs getan oder erlitten hat, so möge er die früheren Schilderungen dieses Buches noch einmal nachlesen, dort wird er alles einzelne in der zeitlichen Ordnung, wie es geschehen ist, ausführlich dargestellt finden.

Doch der gnädige Gott, der straft und züchtigt, die er liebt, ließ zu, daß auch diese von ihm so geliebte Seele vor dem Tage ihrer Berufung durch viele Heimsuchungen geprüft wurde, damit sie im Schmelzofen vergänglichen Leids von allen Schlacken des Erdenwandels geläutert werde. Zuerst kam nach Ausbruch des Sachsenkrieges ein Sturm schwerster Verfolgung über seinen Bruder, den Erzbischof Wezel von Magdeburg, und seinen Neffen, den Bischof Bucco von Halberstadt. Als er dem König, der nach der Ausrottung des ganzen sächsischen Stammes lechzte, gegen diese nicht eifrig genug Hilfe leistete, gehindert wahrlich durch Naturgesetz und verwandtschaftliche Zuneigung, da wird er ihm verhaßt und verdächtig und des Meineids und Treubruchs beschuldigt; die Bürger von Köln, denen er bis dahin teuer und lieb gewesen war, werden durch Geschenke und Versprechungen zu seiner Ermordung aufgereizt. Nachdem dieses Unheil mit ziemlicher Mühe abgewendet worden war, machten zwei seiner Diener, die in seinem Hause lebten und sein höchstes Vertrauen genossen, einen Anschlag auf ihn, und sie hätten ihn, der nichts dergleichen vermutete, ermordet, wenn nicht Gottes Barmherzigkeit diese Gefahr abgewendet hätte. Einem anderen, den er sich durch seine Gunstbeweise ganz besonders zur Treue verpflichtet hatte, übergab er einen vertraulichen Brief, den er zur Sicherung der Geheimhaltung eigenhändig geschrieben hatte, mit dem Auftrag, ihn dem Bischof von Halberstadt zu bringen; er wollte dadurch seinen Neffen, der von allen Seiten von so schweren Stürmen des Mißgeschicks umhergeworfen wurde und dem Schiffbruch nahe war, trösten und beraten. Doch der Bote schloß aus den sorgfältigen Vorkehrungen zur Geheimhaltung, daß der Brief irgend etwas Feindseliges gegen König und Reich enthielte, und übergab ihn dem König. Dieser hielt ihn von da an dem Erzbischof als Beweis seines Treubruchs vor und gedachte, wenn sich die Gelegenheit bot, ihn zu töten und seinen gesamten Besitz vollständig zu vernichten. Da war noch ein anderer, einer seiner Dienstmannen, den er durch persönliche Bemühung für die Kölner Kirche erworben hatte und deshalb stets mit der gütigsten Zuneigung umhegt und mit allen Gütern sogar weit über seinen Geburtsstand hinaus ausgestattet hatte, der wurde plötzlich in knechtischer Keckheit übermütig, fing an, sich gegen das Joch der kirchlichen Dienstbarkeit zu sträuben und gewann zur schweren Schmach des Erzbischofs durch ein gewaltsames weltliches Rechtsverfahren die Freiheit.

Ferner aber wurde er durch zahlreiche Todesfälle ihm teurer Menschen in so bittere Trauer versetzt und mit einer Wunde nach der andren geschlagen, daß ein so heftiger Sturm der Prüfungen auch ein Herz von Stein und ein auf Felsen gegründetes Haus hätte erschüttern können. Zuletzt ward Satan auch Gewalt über sein Fleisch gegeben, und er wurde mit einem bösen Geschwür an beiden Füßen geschlagen, so daß allmählich das faulende Fleisch herauseiterte, und nachdem sich an verschiedenen Stellen die Haut abgelöst hatte, die nackten Knochen, scheußlich anzusehen, hervortraten. Diese Krankheit zerfraß zunächst die Füße, dann in schrecklicher Form die Unter- und Oberschenkel und breitete sich dann nach langen Qualen auf die lebenswichtigen Organe aus und entsandte endlich die Seele, mehr als im Feuer geläutertes Silber siebenfach bewährt und geläutert, aus dieser Hütte von Staub hinüber in das Haus, das nicht mit Händen gemacht ist, das ewig ist im Himmelreich.

Davon hatte ihm schon etwa ein halbes Jahr vor seinem Tode eine deutliche Offenbarung Gewißheit gegeben. Er sah sich nämlich in ein Haus eintreten, das außen und innen in wundervoller Schönheit erstrahlte. Und siehe, auf Richterstühlen, wie zu einem Konzil feierlich berufen, saßen Erzbischof Heribert von Köln, Erzbischof Bardo von Mainz, die Erzbischöfe Poppo und Eberhard von Trier, Bischof Arnulf von Worms und viele andere gallische Bischöfe, von denen er einige zu ihren Lebzeiten persönlich kennengelernt hatte, andere aber nur aus mündlichen oder schriftlichen Berichten kannte, alle angetan mit der bischöflichen Stola und Gewändern weiß wie Schnee. Auch

er selbst sah sich gekleidet in ein fast ganz weißes kost-
bares Gewand, aber ein Teil seines leuchtenden Kleides,
nämlich der die Brust bedeckende, hatte einen scheußlichen
dunklen Schmutzfleck, der durch seine Garstigkeit den
sonstigen Glanz seiner Kleidung verdunkelte; von bren-
nender Schamröte übergossen, versuchte er, diesen mit
vorgehaltener Hand zu verdecken, damit er die Blicke der
darauf Schauenden nicht beleidige. Er sah ferner, daß auch
für ihn ein Stuhl von wunderbarer Schönheit aufgestellt
war. Als er aber voll jubelnder Freude eiligst darauf
Platz nehmen wollte, erhob sich Bischof Arnulf von Worms
und hielt ihn mit sanften Worten zurück, indem er sagte,
die ehrwürdigen Väter, die hier säßen, wollten ihn nicht
in ihren Kreis aufnehmen, weil dieser häßliche Fleck sein
Gewand verunstalte. Als man ihn darauf hieß, den Raum
zu verlassen, und er weinend und völlig gebrochen hin-
ausging, folgte ihm derselbe Bischof und sagte: „Sei gutes
Muts, Vater! Nimm dir nur vor, diesen Flecken, der dein
Kleid entstellt, rechtzeitig abzuwaschen, denn bald wird
dein Wunsch sich erfüllen, und du wirst in die Gemein-
schaft dieser seligen Wohnung und in die Versammlung
der heiligen Väter, die du erblickt hast, aufgenommen
werden.“ Als er am nächsten Morgen dieses Gesicht einem
Vertrauten mitteilte, sagte dieser, die Vision klug deutend:
„Dieser Fleck, Vater, der deinem Kleid anhaftete, ist, so
meine ich, nichts anderes als dein Gedenken an das Un-
recht deiner Bürger, die dich im vorigen Jahre aus Köln
vertrieben haben und denen du um des göttlichen Erbar-
mens willen dieses Vergehen schon längst hättest verzeihen
müssen. Dieses Gedenken – ich möchte das mit deiner gü-
tigen Erlaubnis sagen – sitzt fester in deiner Brust als
billig, und indem es wider Gottes Gebot dein Herz noch
immer mit bitterstem Gram quält, bedeckt und verdun-
kelt es den sonstigen Glanz deines hochheiligen Wandels
mit einem peinlichen Schatten.“ Der Erzbischof, vom Zeug-
nis seines Gewissens überführt, leugnete nicht ab, was er
gehört, sondern erkannte demutsvoll seine Schuld an; dann
schickte er alsbald Boten nach allen Seiten aus, berief alle
Bürger, die er zur Strafe für das an ihm begangene Un-
recht gebannt und aus der Stadt vertrieben hatte, zu sich

und gab ihnen am nächsten Osterfest – denn die Vision war ihm in der Fastenzeit erschienen – nicht nur die kirchliche Gemeinschaft, sondern auch ihre sämtlichen Güter, die er ihnen weggenommen hatte, gütigst zurück. So kam jener schwere Sturm, der, vom Teufel erregt, ganz Köln erschüttert hatte, zur Ruhe. Der Vater erkannte seine Söhne, die Söhne ihren Vater wieder an, der Erzbischof wurde von Erbitterung, das Volk von Angst, die Stadt von Verödung befreit.

Der Erzbischof hatte für sich schon von Anfang an eine Beisetzung in der Kirche von St. Mariagreden in Köln vorgesehen. Später hatte er aber dann aus Empörung über die Verwegenheit der Kölner, mit der sie in unerhörter Raserei gegen ihn getobt hatten, beschlossen, nicht nur geistig, sondern auch körperlich von Köln nach Siegburg überzusiedeln, und bestimmt, daß er dort auch begraben werde. Als er dann nicht lange vor dem Tage seiner Abberufung in Köln krank lag und, schon in den letzten Zügen liegend, merkte, wie das Volk von Köln sehr unmutig darüber war, daß es um einen so begehrenswerten Schatz betrogen werden sollte, da setzte er sich, als er wieder ein wenig zu Atem kam, im Bett auf, ließ sich die priesterliche Stola umlegen, um seinen Worten dadurch größeren Nachdruck zu verleihen, und beschwor seine Vertrauten unter Anrufung des göttlichen Namens, ihn nirgend sonst als in Siegburg beisetzen zu lassen. So geschah, was er befohlen hatte. Als er bald darauf verschied, wurde er mit großem Gepränge unter allgemeiner Teilnahme von Klerus und Volk und lautem Wehklagen der Kölner Frauen nach Siegburg übergeführt und in der Mitte der Kirche bestattet. Dort werden nun täglich auf seine Fürbitte denen, die gläubig darum bitten, viele Wohltaten göttlicher Hilfe erwiesen.

Literaturauswahl

I. Ausgaben

a) Annolied

Vulcanius, B.: De Literis et Lingua Getarum sive Gothorum. Leiden 1597. S. 61–64 [Abschnitt 2,1 bis 5,4 = Verse 19–78].

[Opitz, M.:] Incerti Poetae Teutonici Rhythmus de Sancto Annone Colon. Archiepiscopo. Martinus Opitius primus ex membrana veteri edidit et animadversionibus illustravit. Dantisci MDCXXXIX [= Danzig 1639].

Bezzenberger, H. E.: Maere von Sente Annen, Erzebiscove ci Kolne bî Rîni. Quedlinburg u. Leipzig 1848. (Bibliothek der gesammten deutschen Nationalliteratur. Bd. 25.)

Roediger, M.: Das Annolied. In: MG Dt. Chron. I, 1895, S. 63–132.

Meisen, K.: Das Annolied. Bonn 1946.

[Bulst, W.:] Das Anno-Lied. Hrsg. von M. Opitz MDCXXXIX. Diplomatischer Abdruck besorgt von W. Bulst. Heidelberg 1946, 3. unv. Aufl. 1974. (Editiones Heidelbergenses 2.)

Tschirch, F.: Frühmittelalterliches Deutsch. Ein Lesebuch ausgewählter Texte von den Anfängen des deutschen Schrifttums bis zum Ausgang des 11. Jahrhunderts. Halle 1955. S. 99–112.

Maurer, F.: Die religiösen Dichtungen des 11. und 12. Jahrhunderts. Nach ihren Formen besprochen u. hrsg. Bd. 2. Tübingen 1965. S. 3–45.

Zahlreiche weitere Ausgaben (17.–19. Jh.) bei Roediger (s. oben) S. 66–72.

b) Häufiger zitierte andere Texte

[Alexanderroman:] Leben und Taten Alexanders von Makedonien. Der griechische Alexanderroman nach der Hs. L. Hrsg. u. übers. von H. von Thiel. 1974.

Augustinus, A.: De civitate Dei. 1955. (Corpus Christianorum Ser. Lat. 47/48.)

Augustinus, A.: Vom Gottesstaat. Vollständige Ausgabe. Eingel. u. übertr. von W. Thimme. 2 Bde. 1955.

Bibel s. Vulgata.

Boethius: Trost der Philosophie [Consolatio philosophiae]. Lateinisch u. deutsch. Hrsg. u. übersetzt von E. Gegenschatz u. O. Gigon. ²1969.

Gesta Treverorum. Hrsg. von G. Waitz. MG SS 8, 1848, S. 111–200. – Deutsche Übersetzung: Die Taten der Trierer. Hrsg. von E. Zenz. Bd. 1. 1955.

Hieronymus: Commentariorum in Danielem libri III ⟨IV⟩. 1964. (Corpus Christianorum Ser. Lat. 75 A.) Ältere Ausgabe: Migne PL 25, Sp. 491 ff.

[„Historia de preliis‛ (Abdruck der Rezension J¹) in:] O. Zingerle: Die Quellen zum ‚Alexander‛ des Rudolf von Ems. 1885.

Hystoria Treverorum. Hrsg. von G. Waitz. MG SS 8, 1848, S. 143–146.

[Isidor von Sevilla:] Isidori Hispalensis episcopi Etymologiarum sive Originum libri XX. Hrsg. von W. M. Lindsay. 2 Bde. 1911, ⁵1971.

Die Kaiserchronik eines Regensburger Geistlichen. Hrsg. von E. Schröder. MG Dt. Chron. I, 1895 (1892), S. 1 ff. Nachdruck 1964. (Deutsche Neudrucke. Reihe Texte des Mittelalters.)

Lampert von Hersfeld: Annalen [lateinisch u. deutsch]. Neu übersetzt von A. Schmidt. Erläutert von W. D. Fritz. 1957. (Ausgewählte Quellen zur deutschen Geschichte des Mittelalters. Bd. 13.)

[Leo:] Der Alexanderroman des Archipresbyters Leo, untersucht u. hrsg. von F. Pfister. 1913.

Libellus de Translatione Sancti Annonis ... et Miracula Sancti Annonis. Bericht über die Translation des heiligen Erzbischofs Anno und Annonische Mirakelberichte. Lateinisch – deutsch. Hrsg. von M. Mittler OSB. 1966–68. (Siegburger Studien 3–5.)

Lucanus: Bellum civile [= Pharsalia]. Der Bürgerkrieg. Hrsg. u. übers. von W. Ehlers. 1973.

Orosius, P.: Historiae adversum paganos. Hrsg. von C. Zangemeister. 1882. (CSEL. Bd. 5.)

Otto... von Freising: Chronik oder die Geschichte der zwei Staaten [lateinisch u. deutsch]. Übers. von A. Schmidt. Hrsg. von W. Lammers. 1960. (Ausgewählte Quellen zur deutschen Geschichte des Mittelalters. Bd. 16.)

Ottonis... Frisingensis Chronica sive Historia de duabus civitatibus. Hrsg. von A. Hofmeister. MG Scriptores rerum Germanicarum. 1912.

Vergil: Aeneis. Lateinisch – Deutsch. Hrsg. u. übers. von J. Götte. ²1965.

Vita Altmanni episcopi. Hrsg. von W. Wattenbach. MG SS 12, 1856, S. 226–243.

Vita Annonis archiepiscopi Coloniensis. Hrsg. von R. Koepke. MG SS 11, 1854, S. 462–513. – Ausgabe einer anderen Hs.: Migne PL 143, Sp. 1517 ff.

[Vulgata:] Bibliorum sacrorum iuxta Vulgatam Clementinam nova editio. Ed. A. Gramatica. 1959.

II. Übersetzungen

Das Annolied. Aus dem Ripuarischen übersetzt von A. Stern. 1881. (Reclams UB Nr. 1416.) [Die Ausgabe ist der Vorgänger des vorliegenden Bandes. Wiederabdruck in: Monumenta Annonis Köln und Siegburg. 1975. S. 76–85.]

Das Lied von S. Anno. Übertragen von R. Benz. 1924. (Drucke der Pforte 1). [Unbrauchbar.]

Solf, S.: Das Annolied. [...]. 1975. (Siehe unten V.)

Weitere Übersetzungen aus dem 18. und 19. Jh. bei Roediger (s. oben Ia) S. 70 f.

III. Grammatiken, Wörterbücher, Glossare

Weinhold, K.: Mittelhochdeutsche Grammatik. 2. Ausg. 1883. Neudruck 1967.

Paul, H.: Mittelhochdeutsche Grammatik. 20. Aufl. von H. Moser u. I. Schröbler. 1969. [Die Syntax zitiert als: Schröbler.]

Mittelhochdeutsches Wörterbuch. Mit Benutzung des Nach-

lasses von G. F. Benecke ausgearb. von W. Müller u.
F. Zarncke. 3 Bde. 1854–66: Neudruck 1963.
Glossar zum Annolied in: Das Annolied. Genauer Ab-
druck des Opitzischen Textes mit Anmerkungen und
Wörterbuch von J. Kehrein. 1865. S. 48–85.

IV. Literaturgeschichten

Bertau, K.: Deutsche Literatur im europäischen Mittelalter.
Bd. 1. 1972. S. 218–221.
de Boor, H.: Die deutsche Literatur von Karl dem Gro-
ßen bis zum Beginn der höfischen Dichtung. 770–1170.
²1955. S. 151–153. [Seither unveränd. Nachdrucke.]
Ehrismann, G.: Geschichte der deutschen Literatur bis zum
Ausgang des Mittelalters. Bd. II, 1 Frühmittelhochdeut-
sche Zeit. 1922 (²1954). S. 144–151.
Erb, E.: Geschichte der deutschen Literatur von den An-
fängen bis 1160. Bd. I,2. ²1965. S. 712–717.
Schwietering, J.: Die deutsche Dichtung des Mittelalters.
o. J. [1941]. ²1957. (Handbuch der Literaturwissenschaft.
Bd. 25.) S. 93–95.

V. Literatur zum Annolied und zu Anno

Batts, M. S.: On the Form of the Annolied. In: Monats-
hefte 52 (1960) S. 179–182.
Bauernfeind, G.: Anno II., Erzbischof von Köln. Diss.
München 1929.
Bayer, H. J.: Untersuchungen zum Sprachstil weltlicher
Epen des deutschen Früh- und Hochmittelalters. 1962.
Betz, W.: Zur Zahlensymbolik im Aufbau des Annolieds.
In: Mediaeval German Studies (1965) S. 39–45. (Fest-
schrift F. Norman.)
Busch OSB, G. [Hrsg.]: Sankt Anno und seine viel liebe
statt. Beiträge zum 900jährigen Jubiläum. 1975.
Carnuth, O.: Zum Annoliede. In: Germania 14 (1869)
S. 74–81.
Cary, G.: The medieval Alexander. 1957.

Eberhardt, G.: Die Metrik des Annoliedes. In: PBB 34 (1908) S. 1–100.

Eggers, H.: Ein textkritisches Problem im Annolied. In: Festgruß für H. Pyritz. 1955. S. 9–13. (Sonderheft des Euphorion.)

Eggers, H.: Nachlese zur Frühgeschichte des Wortes „Deutsch". In: PBB 82 (Halle 1961) S. 157–173. (Sonderband für E. Karg-Gasterstädt.)

Eggers, H.: Das Annolied – eine Exempeldichtung? In: Festschrift für L. Wolff. 1962. S. 161–172.

Erdmann, C.: Studien zur Briefliteratur Deutschlands im 11. Jahrhundert. 1938.

Fechter, W.: Das Annolied. In: Wirkendes Wort 15 (1965) S. 300–308.

Fritschi, K.: Das Anno-Lied. 1957.

Gellinek, Chr.: Daniel's Vision of Four Beasts in Twelfth-Century German Literature. In: Germanic Review 40 (1965) S. 5–26.

Gellinek, Chr.: Die deutsche Kaiserchronik. Erzähltechnik und Kritik. 1971. S. 152–166.

Gerhaher, S.: Der Prolog des Annoliedes als Typus in der frühmittelhochdeutschen Literatur. Diss. München 1968.

Gigglberger, G.: Untersuchungen über das Annolied. Diss. Würzburg 1954. (masch.)

Grau, A.: Der Gedanke der Herkunft in der deutschen Geschichtsschreibung des Mittelalters (Trojasage und Verwandtes). Diss. Leipzig 1938.

Grienberger, Th. von: Althochdeutsche Texterklärungen. In: PBB 48 (1924) S. 42–45.

Gundelfinger [= Gundolf], F.: Caesar in der deutschen Literatur. 1904.

Gundolf, F.: Caesar. Geschichte seines Ruhms. 1924.

Haas, A.: Der Mensch als „dritte werilt" im Annolied. In: ZfdA 95 (1966) S. 271–281.

Haaß, R.: Geschichte der Abtei St. Michael zu Siegburg im Mittelalter. In: Heimatbuch der Stadt Siegburg. Bd. 2. 1967. S. 3–24.

Hamm, E.: Rheinische Legenden des 12. Jahrhunderts. Diss. Köln 1937. S. 30–35 und 58–60.

Hammer, W.: The Trebeta Legends. A Study in the Medieval and Humanistic Evaluation of Sources and Historiography. In: Germanic Review 19 (1944) S. 241 bis 268.

Hellgardt, E.: Zum Problem symbolbestimmter und formalästhetischer Zahlenkomposition in mittelalterlicher Literatur. 1973.

Hellmann, M. W.: Fürst, Herrscher und Fürstengemeinschaft. Untersuchungen zu ihrer Bedeutung als politischer Elemente in mhd. Epen. Diss. Bonn 1969. S. 22–27 und 49–57.

Henschel, E.: „Anno" und „Kaiserchronik". In: PBB 80 (Halle 1958) S. 470–479.

Herder, J. G.: Andenken an einige ältere Deutsche Dichter. 1793. In: Sämtliche Werke. Bd. 16 (1887). S. 200 bis 212.

Holtzmann, A.: Der Dichter des Annoliedes. In: Germania 2 (1857) S. 1–48.

Ittenbach, M.: Deutsche Dichtungen der salischen Kaiserzeit. 1937. S. 10–13 und 62–73.

Ittenbach M.: Aus der Frühzeit rheinischer Dichtung: Das Annolied. In: Euphorion 39 (1938) S. 17–28.

Johnson, P., H.-H. Steinhoff und R. A. Wisbey: Studien zur frühmittelhochdeutschen Literatur. Cambridger Colloquium 1971. 1974.

Kettner, E.: Untersuchungen über das Annolied. In: ZfdPh 9 (1878) S. 257–337.

Kettner, E.: Zum Annolied. In: ZfdPh 19 (1887) S. 321–338.

Knab, D.: Das Annolied. Probleme seiner literarischen Einordnung. 1962. [Wichtigste neuere Darstellung mit reichen Literaturangaben zur zeitgenössischen Historiographie.]

Knoch, P.: Untersuchungen zum Ideengehalt und zur Datierung des Annolieds. In: ZfdPh 83 (1964) S. 275 bis 301.

Köhler, O.: Das Bild des geistlichen Fürsten in den Viten des 10., 11. und 12. Jahrhunderts. 1935.

Kohlmann, Ph.: Kleiner Beitrag zu den Quellen des Annoliedes. In: PBB 35 (1909) S. 554–567.

Kraus, C.: Rezension von Roediger (Hrsg.), Das Annolied. In: Zs. für die österr. Gymnasien 47 (1896) S. 226–236.

Kuhn, H.: Gestalten und Lebenskräfte der frühmittelhochdeutschen Dichtung. Ezzos Lied, Genesis, Annolied, Memento Mori. In: DVjs. 27 (1953) S. 1–30. (Auch in: H. Kuhn, Dichtung und Welt im Mittelalter. 1959. S. 112–132.)

Kuhn, H.: Artikel ,Frühmittelhochdeutsche Literatur'. In: Reallexikon der deutschen Literaturgeschichte. Bd. I. ²1958. S. 494–507.

Leitzmann, A.: Zur Abfassungszeit des Annoliedes. In: PBB 36 (1910) S. 395 f.

Lück, D.: Die Vita Annonis und die Annalen des Lampert von Hersfeld. In: Rhein. Vierteljahrsblätter 37 (1973) S. 117–140.

Marsch, E.: Biblische Prophetie und chronographische Dichtung. Stoff- und Wirkungsgeschichte der Vision des Propheten Daniel nach Dan. VII. 1972.

Maßmann, H. F.: Der keiser und der kunige buoch, oder die sogenannte Kaiserchronik. 3. Teil. 1854. (Bibliothek der gesammten deutschen Nationalliteratur. Bd. 4,3.)

Maurer s. Ia.

Meisen s. Ia.

Meißburger, G.: Grundlagen zum Verständnis der deutschen Mönchsdichtung im 11. und 12. Jahrhundert. 1970.

Mergell, B.: Annolied und Kaiserchronik. In: PBB 77 (Halle 1955) S. 124–146.

Monumenta Annonis Köln und Siegburg. Weltbild und Kunst im hohen Mittelalter. [Ausstellungskatalog.] 1975.

Müller-Mertens, E.: Regnum Teutonicum. Aufkommen und Verbreitung der deutschen Reichs- und Königsauffassung im frühen Mittelalter. 1970.

Nellmann, E.: Die Reichsidee in deutschen Dichtungen der Salier- und frühen Stauferzeit. Annolied, Kaiserchronik, Rolandslied, Eraclius. 1963.

Oediger, F. W.: Eine verlorene erste Fassung der Vita Annonis. In: Düsseldorfer Jb. 45 (1951) S. 146–149.

Oediger, F. W.: Die Regesten der Erzbischöfe von Köln im Mittelalter. 1954–61. 1. Bd. S. 313–1099.

Oediger, F. W.: Die Gründung [Siegburgs]. In: Heimatbuch der Stadt Siegburg. Bd. I. 1964. S. 286–298.

Oediger, F. W.: Das Bistum Köln von den Anfängen bis zum Ende des 12. Jahrhunderts. ²1972.

Ohly, E. F.: Sage und Legende in der Kaiserchronik. 1940, ²1968. S. 42–51.

Opitz s. Ia.

Pitt, K. F. S.: The Annolied. A Structural Study. Diss. George Wash. Univ. 1969.

Ploss, E.: Bamberg und die deutsche Literatur des 11. und 12. Jahrhunderts. In: Jb. für Fränkische Landesforschung 19 (1959) S. 275–302.

Reske, H.-F.: Das Annolied. Aufbau, Überlieferung, Gestaltung. In: Festschrift für W. Mohr. 1972. S. 27–69.

Reske, H.-F.: Jerusalem caelestis – Bildformen und Gestaltungsmuster. 1973. S. 30–41.

Reusner, E. von: Das Annolied. Historische Situation und dichterische Antwort. In: DVjs. 45 (1971) S. 212–236.

Roediger s. Ia.

Rosenhagen, G.: Rezension von Roediger (Hrsg.), Das Annolied. In: ZfdPh 30 (1898) S. 271–280.

Rupp, H.: Deutsche religiöse Dichtungen des 11. und 12. Jahrhunderts. Untersuchungen und Interpretationen. 1958, ²1971.

Rüsen, J.: Welt und Geschichte im Annolied. In: Heimatblätter des Siegkreises 30 (1962) S. 2–13.

Samuel, I.: Semiramis in the Middle Ages. The History of a Legend. In: Medievalia et Humanistica 2 (1944) S. 32–44.

Schröbler s. III.

Schröder, E.: Kaiserchronik (s. unter Ib).

Schröder, E.: Zur Kritik des Annoliedes. In: ZfdA 58 (1921) S. 92–95.

Schützeichel, R.: Das alemannische Memento Mori. Das Gedicht und der geistig-historische Hintergrund. 1962.

Seemüller, J.: Rezension von Wilmanns, Über das Annolied. In: Zs. für die österr. Gymnasien 38 (1887) S. 372–380.

Seemüller, J.: Zum Annolied. In: ZfdA 42 (1898) S. 322 bis 338.

Semmler, J.: Die Klosterreform von Siegburg. 1959. (Rhein. Archiv 53.)

Soetemann, C.: Deutsche geistliche Dichtung des 11. und 12. Jahrhunderts. ²1971. (Sammlung Metzler.) S. 47 bis 50.

Solf, S.: Das Annolied. Textübertragung, Interpretation und kritischer Bericht zum Forschungsstand. In: G. Busch OSB [Hrsg.]: Sankt Anno und seine viel liebe statt. 1975. S. 230–330. [Enthält u. a. sechs vorzügliche Reproduktionen aus Opitz' Annolied-Ausgabe; der Forschungsbericht ist lückenhaft.]

Stammler, W.: Die Anfänge weltlicher Dichtung in deutscher Sprache. In: ZfdPh 70 (1947) S. 10–32.

Steinger, H.: ,Annolied'. In: Verfasserlexikon. Bd. I. 1933. Sp. 87–90.

Thomas, H.: Studien zur Trierer Geschichtsschreibung des 11. Jahrhunderts, insbesondere zu den Gesta Trevero rum. 1968. (Rheinisches Archiv 68.)

Tschirch s. Ia.

Vulcanius s. Ia.

Weinhold s. III.

Welzhofer, H.: Untersuchungen über die deutsche Kaiser chronik. 1874. S. 22–31.

Whitesell, F. R.: Martin Opitz' edition of the Annolied. In: JEGP 43 (1944) S. 16–22.

Wilmanns, W.: Beiträge zur Geschichte der älteren deutschen Litteratur. H. 2: Über das Annolied. 1886. [Bietet auf S. 6–89 einen ausführlichen Kommentar.]

Wilmanns, W.: Rezension von Roediger (Hrsg.), Das Annolied. In: AfdA 23 (1897) S. 346–357.

Wöhrle, W.: Zur Stilbestimmung der frühmittelhochdeutschen Literatur. Diss. Zürich 1959. S. 11–29.

Wolf, A.: Strophisches, abschnitthaftes und fortlaufendes Erzählen in früher deutscher Epik des Mittelalters. In: Festschrift für H. Eggers. (PBB 94, Sonderheft, Tübingen 1972.) S. 519–526.

Zarncke, F.: Zum Annoliede. 1887. (Berichte über die Verhandlungen der königl. Sächs. Ges. d. Wiss. zu Leipzig, Phil.-Hist. Kl. Bd. 39.) S. 283–305.

Zink, G.: Chansons de geste et épopées allemandes; deux
    contributions à l'étude de leurs rapports. In: Etudes
    Germaniques 17 (1962) S. 125 ff., bes. S. 132–136.

Literatur, die im Anno-Gedenkjahr 1975 erschien, ist in
der Literaturauswahl aufgeführt, konnte aber im Kommen-
tar nicht mehr berücksichtigt werden.
Außer der gedruckten Literatur stand mir eine Reihe von
Seminararbeiten von Bonner Studenten der Germanistik
zur Verfügung. Den Verfassern sei an dieser Stelle herzlich
gedankt.

Abkürzungen

A.   Anmerkung
Aen.   Aeneis
AfdA   Anzeiger für deutsches Altertum und deutsche Literatur
ahd.   althochdeutsch
AL   Annolied
Apg.   Apostelgeschichte
cap.   Kapitel
CSEL   Corpus scriptorum ecclesiasticorum latinorum
Dan.   Daniel
DVjs.   Deutsche Vierteljahrsschrift für Literaturwissenschaft und Geistesgeschichte
Gen.   Genesis
Hs(s).   Handschrift(en)
Jb.   Jahrbuch
JEGP   The Journal of English and Germanic Philology
Joh.   Johannesevangelium
Jon.   Jonas
lat.   lateinisch
Lexer   M. Lexer: Mittelhochdeutsches Handwörterbuch. 3 Bde. 1869–78.
M   Maurer (Annolied-Ausgabe)
MA   Mittelalter
md.   mitteldeutsch
mfrk.   mittelfränkisch
MG   Monumenta Germaniae historica
MG SS   Monumenta Germaniae historica, Reihe Scriptores
mhd.   mittelhochdeutsch
Mhd.Wb.   G. F. Benecke, W. Müller, F. Zarncke: Mittelhochdeutsches Wörterbuch. 3 Bde. 1854–66.
mlat.   mittellateinisch
Mos.   Bücher Moses'
O   Opitz
OAnm.   Opitz' Anmerkungen in seiner Ausgabe
Offb.   Offenbarung
PBB   Beiträge zur Geschichte der deutschen Sprache und Literatur. Begründet von H. Paul und W. Braune
PL   Patrologiae cursus completus. Series Latina
Ps.   Psalm
R   Roediger (Annolied-Ausgabe)
T   Tschirch (Annolied-Ausgabe)
V   Vulcanius
V.   Vers
ZfdA   Zeitschrift für deutsches Altertum und deutsche Literatur
ZfdPh   Zeitschrift für deutsche Philologie
Zs.   Zeitschrift
z. St.   zur Stelle

Nachwort

Aufbau und Inhalt. Unter den Dichtungen der frühmittel-
hochdeutschen Zeit gilt das *Annolied* – um 1080 ent-
standen – seit langem als einer der merkwürdigsten und
interessantesten Texte. Merkwürdig wegen seines Haupt-
helden, des Kölner Erzbischofs Anno (gest. 1075), der in
der deutschen Geschichte des Mittelalters einen zweifel-
haften Ruf genießt, im *Annolied* aber als vorbildhafter
Heiliger gepriesen wird. Interessant besonders wegen seiner
dreiteiligen Anlage: Der Autor beginnt nämlich keines-
wegs mit Anno; vielmehr schickt er einen ausgedehnten
Überblick über die Heils- und Profangeschichte voraus, der
rund zwei Drittel des Textes umfaßt. Dieser historische
Überblick enthält in konzentrierter Form wesentliche Ele-
mente des mittelalterlichen Welt- und Geschichtsbildes; dar-
über hinaus überrascht er mit einer bis dahin unbekannten
Theorie über die Rolle der Deutschen in der Weltge-
schichte.
Vergegenwärtigen wir uns kurz den Inhalt des Werks:
Das Hauptthema – die preisende Würdigung des hl.
Anno – wird in einem doppelten Anlauf erreicht. Teil I
(Abschnitt 1–7) gibt – nach einem Prolog – einen Über-
blick über die *Heilsgeschichte*; in raschen Schritten führt
er über die Stationen Schöpfung – Sündenfall – Erlösung
durch Christus – Missionierung der Welt – Köln und seine
Heiligen – bis zu Annos Kölner Episkopat. Teil II (Ab-
schnitt 8–33) führt über zahlreiche Stationen der *Profan-
geschichte* ebenfalls zu diesem Zielpunkt. Im Zentrum
steht hier die Aufeinanderfolge von vier ‚Weltreichen‘ (Ab-
schnitt 11–17), die – nach biblischer Auffassung – für den
Weltlauf wichtig sind; das letzte dieser Weltreiche ist nach
mittelalterlicher Tradition das Römische Reich. Der Über-
gang vom Römischen zum Deutschen Reich vollzieht sich
originellerweise so, daß Caesar die vier deutschen Haupt-

stämme (die zu je einem der Weltreiche in Verbindung gebracht werden) unterwirft (18–23); mit ihrer Hilfe erringt er alsdann die Alleinherrschaft (24–28). Seit dieser Zeit sind die Deutschen angesehene Leute in Rom. – Römische Städtegründungen in deutschen Landen schließen sich an (29/30). Die vornehmste dieser Gründungen ist Köln; selbst das alte Trier sendet den Kölnern kostenlos seinen guten Wein (30,19 ff.). – Nach Christi Geburt lenkt der Autor auf die Missionsgeschichte über und kommt so wieder zu Anno, dem 33. Kölner Bischof (33). Teil III (34 bis 49) berichtet ausschließlich von *Anno*: von seinem geistlichen und weltlichen Wirken (34–37), von ‚Prüfungen‘ und Visionen (38–43), vom Tod des Heiligen (44) und von Wundern nach dem Tode (45–48).

Deutung. Der Sinn dieses komplizierten Gefüges ist lange umstritten gewesen. Bahnbrechend waren die Untersuchungen Max Ittenbachs (1937/38), der die konsequente Verherrlichung Annos herausarbeitete, auf den die Linien von Welt- und Heilsgeschichte zulaufen. Daneben spielt auch der Preis der Stadt (und des Bischofssitzes) Köln eine wesentliche Rolle; er bildet ebenfalls ein Ziel *beider* geschichtlicher Durchblicke.

Besondere Aufmerksamkeit verdient (und besonders kontrovers ist) der offenkundige Eigenwert der weltlichen Sphäre in einem Werk, das dem Preis eines Heiligen dient. Das Weltbild des Autors ist keineswegs – wie ältere Forschung glaubte – dualistisch. Der Mensch ist – so formuliert es Abschnitt 2 ausdrücklich – ein Wesen, das nach dem Willen Gottes Geist- und Körperwelt in sich vereint und somit eine ‚dritte Welt‘ darstellt. Der Vorrang gebührt freilich der geistigen Welt. Das wird besonders augenfällig in der Schlußpartie des profanhistorischen Teils: Nach der Geburt Christi (31) wird die Geschichte des Römerreichs rein geistlich weitergeführt. Das *niuwe kunincrîchi* (31,15), das Christus aufrichtet, darf allerdings nicht als Ablösung des vierten Weltreichs mißverstanden werden: Es ist eine geistliche Überhöhung des Römisch-Deutschen Imperiums.

Das Bischofsamt. Die Durchdringung von weltlicher und geistlicher Sphäre in unserm Text hat ihre Entsprechung im Amt des *Reichsbischofs*, das Anno nach Meinung des Autors in so hervorragendem Maße erfüllt. In diesem Amt verbanden sich für die damalige Zeit Gottesdienst, Reichsdienst und Herrschaft über das Bistum zu einem organischen Ganzen. Schon seit Otto dem Großen gehörten die Reichsbischöfe zu den wichtigsten Stützen der Reichsverwaltung. Sie wuchsen allmählich zu Reichsfürsten empor und bestimmten den Kurs der Innen- und Außenpolitik entscheidend mit. Solange die enge Übereinstimmung von ‚ecclesia‘ und ‚imperium‘ anerkannt war, bewegte sich der Bischof bei Wahrnehmung seiner Ämter stets nur in ein und derselben Sphäre. Fraglich wurde die Verbindung der Funktionen im Investiturstreit, der im Todesjahr Annos beginnt. Die Ambivalenz der bischöflichen Aufgaben wird nun von den Zeitgenossen wesentlich stärker reflektiert.

Der historische Anno. Anno gilt mit Recht als besonders machtvolle Verkörperung eines Reichsbischofs. Von Heinrich III. war er 1056 (kurz vor dem Tode des Kaisers) zum Erzbischof erhoben worden – gegen den Willen der Kölner, die sich für ihre Stadt von dem relativ niedrig Geborenen wenig Vorteile versprachen. Während der Regentschaft der Kaiserin Agnes war er einer der führenden Köpfe; er war der Anführer des Staatsstreiches zu Kaiserswerth (April 1062), bei dem der unmündige Heinrich IV. auf ein Schiff gelockt und nach Köln entführt wurde. Von da an war Anno bis 1064 Regent des Reiches und (bis 1065) Erzieher des jungen Heinrich. Die Zeitgenossen haben die Aktion von Kaiserswerth sehr unterschiedlich beurteilt; doch überwiegt bei ihnen die Meinung, diese Tat habe im Interesse des – durch Agnes schlecht geführten – Reiches gelegen. Auch später unter Heinrichs IV. Regierung besaß Anno nochmals starken Einfluß, zog sich aber 1073 endgültig aus der Politik zurück und starb wenige Jahre darauf (4. Dezember 1075).

Um sein Kölner Bistum hat er sich zumindest insofern verdient gemacht, als er dessen Besitz und Einkünfte stark vergrößerte, den Kirchenbau förderte, Abteien und Stifte gründete und für die Einführung einer strengen Klosterregel Sorge trug, die besonders von seiner Neugründung Siegburg (wohl 1064) ausging. Auf der Negativseite steht vor allem die Niederschlagung des Kölner Aufstands (Ostern 1074): Der Aufstand brach aus, als Anno – Stadtherr von Köln – ein Kaufmannsschiff requirieren ließ, das seinem Amtsbruder, dem Bischof von Münster, zur Heimreise dienen sollte. Es kam zur Erstürmung des Bischofshofs; Anno rettete sich mit knapper Not nach Neuß. Schon drei Tage später freilich kehrte er mit Heeresmacht zurück, und seine Anhänger nahmen furchtbare Rache. Der Erzbischof selbst zeigte sich gegenüber den geflohenen Kaufleuten (angeblich über 600) unversöhnlich. Die „noch vor kurzem volkreichste Stadt" war nun – wie Lampert von Hersfeld berichtet – „plötzlich fast völlig verödet". Erst im nächsten Jahr schloß Anno Frieden mit den Bürgern. Doch hat die Erbitterung der Kölner lange angehalten. Noch kurz vor Annos Heiligsprechung im Jahre 1183 „war man sich nicht einig, ob man ihn als Heiligen verehren oder für ihn nur wie für einen verstorbenen Gläubigen psallieren solle".[1]

Es ist nach alldem verständlich, daß Anno sich die letzte Zeit seines Lebens meist in seiner Lieblingsgründung Siegburg (unweit von Köln) aufhielt und dort auch begraben zu werden wünschte. Der Wunsch wurde – nach anfäng-

1. F. W. Oediger: „Das Bistum Köln von den Anfängen bis zum Ende des 12. Jahrhunderts". ²1972. S. 123.

lichem Widerstand der Kölner – respektiert. Die Verehrung des Toten, der sich unter anderem durch Armenfürsorge und ‚frommen‘ Lebenswandel beim Volk einen Namen gemacht hatte, scheint alsbald eingesetzt zu haben. Schon früh werden die ersten Wunder berichtet. Man pilgert zum Grab des Siegburger Heiligen.

Entstehungsort und Publikum. In der eben skizzierten Situation muß man sich das *Annolied* entstanden denken. Daß es in Siegburg verfaßt wurde, ist nach Lage der Dinge wahrscheinlich.[2] Die Siegburger Mönche hatten Grund, Annos Verdienste um Köln herauszustreichen und so zu versuchen, sein in manchen Kreisen beschädigtes Ansehen wiederherzustellen. Sie mußten daran interessiert sein, für ihren Heiligen zu werben und dessen Kult zu propagieren. Vor welchem *Publikum* das *Annolied* vorgetragen wurde, ist freilich schwer zu sagen. Auf jeden Fall dürfte der Text nicht primär zur Erbauung der Klosterinsassen verfaßt sein. Für einen Vortrag vor dem ‚Volk‘ – etwa an einem hohen Festtag in der Kirche – ist er andererseits zu anspruchsvoll, syntaktisch wie inhaltlich. Am ehesten vorstellbar ist das Publikum der Adelssitze, das wir uns literarisch geschulter (wenngleich nicht schriftkundig) denken; bei ihm dürfen wir auch die Kenntnis der volkssprachlichen Heldendichtung voraussetzen, die das *Annolied* einleitend erwähnt (1,1–6). Ob der Text auch der Kölner Kaufmannschaft zu Gehör gebracht wurde, läßt sich nicht sagen; ein bürgerliches literarisches Publikum ist zu dieser frühen Zeit nicht belegt, und im vorliegenden Fall wäre ein Vortrag wohl auch nicht ohne Risiko gewesen.

Datierung. Die wichtige Frage der Datierung war lange Zeit heiß umstritten. Eine feste Grundlage geben zwei

---

2. Argumente für Köln als immerhin möglichen Abfassungsort bei D. Knab: „Das Annolied. Probleme seiner literarischen Einordnung". 1962. S. 3.

Stellen aus Abschnitt 30, die über die Städte Mainz und Trier berichten. Von Mainz wird gesagt, daß dort jetzt die Weihe der Könige stattfinde (30,13: *dâ ist nû dere kuninge wîchtûm*). Zwei Daten kommen demnach in Betracht: a) die Zeit zwischen März 1077 (Krönung des Gegenkönigs Rudolf von Rheinfelden in Mainz) und Dezember 1081 (Krönung des Gegenkönigs Hermann von Salm in Goslar); b) die Zeit nach der Mainzer Krönung Heinrichs V. (Januar 1106).

Die Entscheidung muß für den frühen Termin fallen. Dies ergibt sich mit großer Wahrscheinlichkeit aus dem Bericht über die Trierer Weinleitung nach Köln (30,19 ff.), der von den *Gesta Treverorum* (1101) benutzt wurde, wie Heinz Thomas 1968 nachweisen konnte. Schon der archäologische Befund macht deutlich, daß die Weinleitung eine Kölner Erfindung sein muß (der Kölner Aquädukt kommt aus der Eifel; der Trierer dagegen kommt von der rechten Moselseite, weist also gar nicht nach Köln). Ferner paßt die Weinleitung schlecht in das ideologische Konzept des Trierer Autors. Dieser hatte nämlich zuvor behauptet, die Kölner seien den Trierern tributpflichtig gewesen (Kap. 5 f.). Wie verträgt sich damit die enorme Bauleistung der Trierer für Köln *amicitiae causa* (Kap. 15)? Hingegen entspricht die gleichlautende Formulierung des *Annolieds (ci minnin)* vorzüglich den Intentionen seines Autors. – Weitere Argumente für die Priorität des deutschen Textes können wir hier übergehen.[3] Auf jeden Fall kann das *Annolied* nicht nach 1101 entstanden sein. In Frage kommt demnach nur die kurze Zeitspanne zwischen 1077 und 1081.

Sprache. Die Sprache des *Annolieds* ist sehr verschieden beurteilt worden. Der Autor galt u. a. als Mittelfranke und als Bayer (letzteres sicher unhaltbar). Einmütigkeit be-

---

3. ausführlich H. Thomas: „Studien zur Trierer Geschichtsschreibung des 11. Jahrhunderts, insbesondere zu den Gesta Treverorum". 1968. S. 121 ff.

steht darin, daß der vorliegende Text Ergebnis einer
Sprachmischung ist und daß zwischen der Sprache des
Autors und des Schreibers unterschieden werden muß.
Gertrud Gigglberger, die die Frage 1954 nochmals ein-
gehend geprüft hat, postuliert einen rheinfränkischen Au-
tor; die von Opitz herausgegebene Handschrift ist ihrer
Meinung nach ostfränkisch (12. Jh.) und beruht auf mittel-
fränkischer Grundlage.

Quellen. Zahlreich und sehr verschiedenartig sind die Quel-
len, die der Autor benutzt hat. Zwar zeigt er in der An-
lage des Ganzen ein hohes Maß an Originalität, ist aber
in den Einzelheiten – wie jeder mittelalterliche Autor –
stark der Tradition verpflichtet. Diese Tradition wurde im
vorausgehenden Kommentar ausführlich dargestellt. Ich
fasse hier nur das Wichtigste zusammen: Die ‚griechische‘
Konzeption vom Menschen als ‚dritter Welt‘ (Abschnitt 2)
beruht auf einer Schrift des Iroschotten Johannes Scotus
Eriugena (9. Jh.). Für Abschnitt 11–17 ist, neben der
Bibel (Dan. 7), der Danielkommentar des Hieronymus
(Anfang 5. Jh.) verwertet. Der Alexanderbericht (14/15)
zeigt Berührungen mit der *Historia de preliis* (11./12. Jh.),
der beliebtesten lateinischen Fassung des *Alexanderromans*.
Anregungen für Caesars Kampf gegen die ‚deutschen Län-
der‘ (18) kann die *Hystoria Treverorum* (vor 1060) gege-
ben haben. Die Nachrichten über Griechen und Trojaner
(22/23) stammen aus Vergils *Aeneis*; die Schlachtdar-
stellungen (25–27, 40) sind Lucans Epos *Pharsalia* ver-
pflichtet. Kommentare zu Vergil und Lucan scheinen eben-
falls benutzt, außerdem die im Mittelalter weitverbreitete
Consolatio philosophiae des Boethius (entstanden 524).
Vieles aus Teil I und II ist Gemeingut mittelalterlicher
Schriftsteller. Besonders vertraut zeigt sich der Verfasser
außerdem mit der Historiographie des Rhein-Maas-Raums.
Insgesamt darf er als ein kenntnisreicher Mann bezeichnet
werden. Für manches ist er unsere älteste Quelle (z. B.

Schwaben- und Bayernsage). Die starke Akzentuierung der
Mithilfe der Deutschen bei der Errichtung von Caesars
Monarchie ist wohl seine eigene Erfindung.

Ein Problem für sich ist die vieldiskutierte Frage nach der
Vorlage des Anno-Teils. Sicherheit kann hier nicht er-
reicht werden; doch gehen die Abschnitte 34–48 mit gro-
ßer Wahrscheinlichkeit auf eine einheitliche Quelle zu-
rück: eine verlorene ältere Vita Annonis, die wohl bald
nach Annos Tod geschrieben wurde. Ihr Verfasser war
Reginhard, Abt von Siegburg von 1076 bis 1105. Die
Existenz der älteren Vita wurde zuerst von Wilmanns
(1886) postuliert; eindeutige Belege für die Richtigkeit
dieser These lieferte Erdmann (1938). Erhalten ist nur eine
spätere Bearbeitung der *Vita*, die ein Siegburger Mönch
im Auftrag des Abtes Reginhard verfaßte und um 1105
vollendete. Diese ziemlich umfangreiche *Vita Annonis*
enthält sehr viel mehr Material über Anno als das *Anno-
lied*; die ältere Vita dürfte schlanker gewesen sein.

Als Vorlage für die ältere Vita dienten – nach Meinung
der neuesten Forschung – die Mitteilungen über Anno in
den *Annalen* des Lampert von Hersfeld (um 1078/79).[4]
Die ältere Vita dürfte einen ähnlichen Aufbau wie Lam-
perts Nachruf auf Anno[5] gehabt haben; zumindest ent-
spricht die Darstellung des *Annolieds* – wie im Kommen-
tar gezeigt wurde – in groben Zügen diesem Nachruf. Daß
der *Annolied*-Autor Lampert direkt benutzt hat, gilt als un-
wahrscheinlich. Freilich müßten die drei Werke – wenn die
hier skizzierte Reihenfolge richtig ist – sehr rasch nachein-
ander entstanden sein: die ältere Vita unmittelbar nach Lam-
pert (also 1079/80); kurz darauf das *Annolied* (1080/81).

Gattung. Die schwierige Gattungsfrage wurde von Doris
Knab (1962) weitgehend geklärt: Das *Annolied* wurzelt

4. Für das umgekehrte Verhältnis – Lampert abhängig von der ‚älteren
Vita' – plädiert vor allem Oediger. Literaturangaben S. 107 und 167.
5. Siehe „Materialien" S. 144–160.

in der Entwicklung der Historiographie des Rhein-Maas-Gebiets. In Bistums- und Klosterchroniken – z. T. auch in Heiligenviten – begegnen dort ähnliche Formen welt- und heilsgeschichtlicher Verknüpfung.[6] Es entstehen Gebrauchstypen neuer Zielsetzung „zwischen den Gattungen".[7] Die konsequente Dreigliederung des *Annolieds* hat man freilich nirgends sonst nachweisen können. Hierin bleibt das *Annolied* singulär.

Form und Vortrag. Von besonderem Interesse ist die formale Gliederung. Doppelte Initialen gliedern den Text in 49 Abschnitte von unterschiedlicher Länge (6–28 Verse). Die Abschnitte (Opitz nannte sie ‚paragraphi') sind mit römischen Zahlen beziffert; in anderen frühmittelhochdeutschen Texten findet sich solche Durchzählung selten. Es ist dennoch anzunehmen, daß Opitz die Ziffern aus der Handschrift übernahm. Die Zählung korrespondiert in Abschnitt 33 in auffälliger Weise mit der Aussage, daß Anno der 33. Bischof von Köln sei (33,9). Eine weitere Korrespondenz (Abschnitt 7: Anno der 7. heilige Bischof) ist möglich. Somit wäre die Großgliederung des Textes – wie Ittenbach zeigte – durch Zahlen gestützt.[8]
Nicht eindeutig zu klären ist, ob die numerierten Abschnitte zugleich Strophen bedeuten. Friedrich Maurer plädiert neuerdings mit Entschiedenheit für diese These und damit für die Sangbarkeit des *Annolieds*. Maurer weist auf den Vortrag der ‚Laissen'-Strophen im altfranzösischen Epos hin. Diese Laissen sind – gleich den Abschnitten des *Annolieds* – von unterschiedlicher Länge; daß sie dennoch gesungen wurden, wird heute nicht mehr bezweifelt. Er-

---

6. Ergänzungen und Korrekturen zu Knab bei Thomas, a. a. O., S. 138 ff.; H.-F. Reske: „Das Annolied. Aufbau, Überlieferung, Gestaltung". In: „Festschrift für W. Mohr". 1972. S. 28–30.
7. Knab, a. a. O., S. 112.
8. Alle sonstigen Spekulationen zur Zahlenkomposition des „Annolieds" sind ohne Verbindlichkeit.

wogen wird hierbei die „unbegrenzte Wiederholung ein und derselben Melodie" (Gennrich).[9]

Im Deutschen kennen wir freilich nur einen einzigen mit dem *Annolied* vergleichbaren Text, der sicher gesungen wurde: das Bamberger *Ezzolied* (wohl um 1060). Dieses Lied ist in den Handschriften nicht durchnumeriert; ebensowenig die (gleichfalls gesungene) mittelhochdeutsche Lyrik. Die Durchzählung beweist also nichts für die Sangbarkeit. Sie erinnert eher an die Technik der Kapitelzählung in der lateinischen Historiographie des Mittelalters. Ich ziehe deshalb den neutraleren Ausdruck ‚Abschnitt' vor, ohne damit die Möglichkeit gesungenen Vortrags auf jeden Fall auszuschließen.

An die zur Zeit vieldiskutierte ‚binnengereimte Langzeile' (Maurer) als metrischen Baustein des *Annolieds* vermag ich nicht zu glauben. Die Syntax unseres Textes paßt zu diesem relativ starren Schema nicht. Man braucht sich nur etwa den komplizierten Periodenbau der Abschnitte 6 und 7 anzusehen: Er wäre kaum denkbar, wenn der Autor zwei Verszeilen als metrisch-syntaktische Einheit auffaßte.

Nachwirkung. Die Wirkung des Gesamttextes mußte – angesichts der nur lokalen Verehrung Annos – relativ beschränkt bleiben. Immerhin ist es beachtenswert, daß der Verfasser der *Gesta Treverorum* das Werk offensichtlich kannte. Durch einen besonderen Glücksfall sind außerdem größere Teile des *Annolieds* fast wörtlich in die mhd. *Kaiserchronik* übernommen worden. Anlaß dazu war wohl das Faktum, daß ein Siegburger Abt – Reginhards Nachfolger Kuno (1105–26) – Bischof von Regensburg wurde (1126 bis 1132). Kuno hat sehr wahrscheinlich eine *Annolied*-Handschrift mit nach Regensburg gebracht. Der Verfasser der *Kaiserchronik* (sie behandelt die Geschichte des Römischen Reichs von Caesar bis zur Gegenwart, d. h. bis

9. das Zitat bei F. Maurer: „Die religiösen Dichtungen des 11. und 12. Jahrhunderts". Bd. I. 1964. S. 53; dort weitere Literatur.

zum Jahre 1147) benutzte die Handschrift für die Ein-
gangspartien seines Werks. Auf diese Weise fand vor al-
lem die originelle Darstellung Caesars und der ‚Deutschen‘
(Abschnitt 18–30) Verbreitung in vielen Handschriften und
lange Nachwirkung.

Insgesamt sind rund 225 Verse in die *Kaiserchronik* über-
nommen worden. Im einzelnen hat der *Kaiserchronik*-Autor
manches an dem alten Text geändert. Er hat nicht nur die
recht unzulänglichen Reime verbessert und den Wortschatz
gelegentlich modernisiert. Er erlaubte sich auch Zusätze,
Kürzungen und Umstellungen; er interpretierte den Traum
Daniels neu und arbeitete die Rolle der Deutschen noch
kräftiger heraus. Die ältere Forschung hat die einzelnen
Veränderungen sorgfältig registriert, ohne sie jedoch immer
zufriedenstellend deuten zu können. Schuld daran war vor
allem die Unsicherheit darüber, wie das Verhältnis der bei-
den Texte zueinander zu bewerten sei. Die These, eine (ver-
lorene) ‚ältere Reimchronik‘ sei als gemeinsame Vorlage
von *Annolied* und *Kaiserchronik* anzusetzen, wurde lange
Zeit vehement verfochten. Seit Friedrich Ohlys Unter-
suchung (1940) dürfte diese These endgültig als erledigt
gelten.

Überlieferung. Als Ganzes ist uns das *Annolied* in keiner
Handschrift bewahrt. Jedoch müssen zu Beginn des 17.
Jahrhunderts noch zwei mehr oder weniger vollständige
Handschriften existiert haben. Eine dieser Handschriften
hat Martin Opitz kurz vor seinem Tod abgedruckt und
mit einem – für seine Zeit bemerkenswerten – Kommentar
versehen. Die Handschrift dürfte identisch sein mit einem
Breslauer Exemplar, das heute verloren ist, im 15. Jahr-
hundert aber noch mit der Williram-Hs. B (Breslau) ver-
einigt war. Da Opitz aus der Williram-Hs. zitiert, stammt
wohl auch das *Annolied* aus der Breslauer Bibliothek.
Schon vor Opitz hatte der niederländische Gelehrte Bona-
ventura Vulcanius (de Smet, 1538–1614) Teile einer an-

deren Handschrift publiziert. Ihr fehlte offenbar der Prolog; dafür schloß sie aber eine Lücke (nach 2,7), die Opitz' Handschrift gehabt haben muß. Carl von Kraus hat durch seine scharfsinnige Analyse (1896) die meisten Forscher überzeugt, daß Vulcanius und Opitz dieselbe Handschrift benutzten, sie aber unterschiedlich abdruckten.[10] Übersehen hat Kraus (wie die übrige Forschung), daß die Handschrift des Vulcanius äußerlich anders gegliedert war: Abschnittsinitialen waren vorgesehen – aber nicht ausgeführt – bei Vers 2,16 und 4,1; unbezeichnet blieben die Abschnitte bei 3,1 und 5,1. Es darf als sicher gelten, daß Vulcanius in diesem Punkt die ihm vorliegende Handschrift getreulich reproduzierte. Daß Opitz seinerseits in 2,16 und 4,1 stillschweigend konjizierte und daß letztlich die gesamte Initialengliederung seines Abdrucks auf ihn selbst zurückgeht, ist in hohem Grade unwahrscheinlich. Opitz war selbst überzeugt, daß es sich um zwei verschiedene *codices* handle.[11] Demnach liegt in Vulcanius' Abdruck eine selbständige Überlieferung vor. Angesichts der Wichtigkeit dieser Überlieferung wird sie in den ‚Materialien' (S. 121–123) zum erstenmal vollständig mitgeteilt.

10. Bedenken macht neuerdings vor allem Reske, a. a. O., S. 36 ff. geltend; er geht allerdings zu weit, wenn er zwei verschiedene *Redaktionen* des „Annolieds" annimmt.
11. M. Opitz: „Incerti Poetae Teutonici Rhythmus de Sancto Annone Colon. Archiepiscopo . . .". Danzig 1639. S. 1.

Inhalt